INSZENIERTE LANDSCHAFTEN

Michael Seiler · Manfred Hamm
INSZENIERTE LANDSCHAFTEN
BLICKE INS PREUSSISCHE ARKADIEN

© 1999 by : TRANSIT Buchverlag
Gneisenaustraße 2
10961 Berlin
Gedruckt mit Unterstützung der
Preußischen Seehandlung, Berlin

Umschlaggestaltung und Layout:
Gudrun Fröba, Berlin
Druck und Bindung:
Pustet GmbH, Regensburg
ISBN 3-88747-142-3

Michael Seiler · Manfred Hamm

INSZENIERTE

Landschaften

BLICKE INS PREUSSISCHE ARKADIEN

: TRANSIT

INHALT

Schön ist, Mutter Natur, deiner Erfindung Pracht
Auf die Fluren verstreut, schöner ein froh Gesicht,
Das den großen Gedanken
Deiner Schöpfung noch Einmal denkt.

Friedrich Gottlieb Klopstock (1724-1803),
1. Strophe des Gedichts »Der Zürchersee«, 1750

Was Friedrich Gottlieb Klopstock über die ideale Beziehung des Menschen zur Natur sagt, möchte ich sinngemäß auf das Verhältnis von Besucher zur Parklandschaft, dieser Einheit aus Kunst und Natur übertragen. Die Dinge sind nicht für sich, sondern werden erst wahrhaft lebendig im Feuerwerk des Verstehens. Das Schönste und Wesentliche bei einer Gartenführung ist für mich der Blick in die verstehenden Gesichter der Sehenden und Hörenden. Es ist das beglückende Gefühl, daß sich einem Nächsten das freie Feld des eigenständigen, individuellen Erkennens und Lesens der ihn umgebenden Gartenlandschaft erschlossen hat und der weiteren Erkundung offensteht.

Wir, der Fotokünstler und der Gartenhistoriker, versuchen durch Bild und Beschreibung das Wesen der einzigartigen Potsdam-Berliner Parklandschaft anzudeuten. Nur dieses kann es sein: eine Vorbereitung zu ausgedehnten Spaziergängen, auf denen die Augen den »stummen Führern«, den Wegen, »lauschen«! Dieses Buch kann und will Vorbereiter und Anreger sein. Es soll den Wunsch zum eigenen Erleben wecken und die Vielfalt des Landschaftsraumes mit Orientierungspunkten erschließen. Im Gehen und an den unterschiedlichsten Ruhepunkten werden Erinnerung und Wissen im Augenblick der jeweils einmaligen Naturstimmung zusammenfließen.

In gut zweihundert Jahren, von 1660 bis 1862, ist die Potsdam-Berliner Parklandschaft gewachsen. Es war jedoch am Ende des ersten Jahrhunderts ihrer Entwicklung durchaus noch nicht gewiß, daß etwas Einmaliges und Außerordentliches entstehen würde. Erst von der Vollendung her ordnet sich das Zurückliegende zum Ganzen. Das Zusammenwirken genialer, leidenschaftlich tätiger Künstler, an deren Spitze Karl Friedrich Schinkel. Peter Joseph Lenné und der Romantiker auf dem Königsthron, Friedrich Wilhelm IV., standen, hat die von der UNESCO 1990 zum Weltkulturerbe erklärte Parklandschaft entstehen lassen

Rudolf Borchardt hat in seiner ekstatischen Sprache über Potsdam treffsicher gesagt: »... daß hier unternommen worden ist, was an keiner Stätte der Welt seinesgleichen hat, ... die determinierte Umgestaltung einer wirklichen ins riesenhafte gehenden Landschaft mit Flüssen, Seen, Wäldern, Städten, Flecken, Dörfern, Straßen und Wegen in ein geformtes Kunstwerk, dessen ungeheurer Planung eine andere Landschaft als die verfügbare und vorhandene mit genauester Deutlichkeit vorschwebte, die Landschaft der alten Welt: eine Renaissancegedanke, wechselnd durch alle Schichten im Gefüge des deutschen Geistes, antik im holländischen Barock und antik im italienisierenden Stiltreiben Friedrich Wilhelms IV., von Arkadien bis Toskana greifend, von Orpheus bis Raphael.«[1]

Doch das Außerordentliche dieser Landschaft tritt erst durch die Art und Form der Verknüpfung ihrer Elemente, der zur höchsten Reife getriebenen Inszenierung durch meisterhaft geführte Wege und Sichten, hervor.

In der Geschichte des Landschaftsgartens und der Landesverschönerung haben Lenné und Fürst Hermann von Pückler-Muskau diese Kunst zur Blüte gebracht. Der Wirkung dieses Inszenierungsmittels und seiner Erzählkraft nachzuspüren ist das Thema unseres Buches. Eine umfassende Darstellung der Geschichte der Potsdamer Gärten kann und will dieses Buch nicht geben, wohl aber deren Resultat, den Geist dieser Komposition aus Gärten, Stadt und Landschaft.

Im Lennéschen Verständnis der Wege steckt eine dynamische Auffassung der aktiven Verbindung von Natur, Kunst und tätigem Menschen. Aus dem Kranz der die Stadt Potsdam umgebenden Gärten verknüpfen die wechselnden Blicke Stadt, Bau- und Gartenkunst, Nutz- und Naturlandschaft. Der tätige Mensch ist für Schinkel und Lenné integraler Bestandteil der künstlerischen Landschaft. In dieser Hinsicht schrieb Karl Friedrich Schinkel über Malerei: »Landschaftliche Ansichten gewähren ein besonderes Interesse, wenn man Spuren menschlichen Daseins darinnen wahrnimmt. Der Überblick eines Landes, in welchem noch kein lebendes Wesen Fuß gefaßt hat, kann Großartiges und Schönes haben, der Beschauer wird aber unruhig, unbestimmt und traurig, weil der Mensch das am liebsten erfahren will, wie sich seinesgleichen der Natur bemächtigt, darinnen gelebt und ihre Schönheiten genosssen haben … Der Reiz der Landschaft

[1] Borchardt, Rudolf, *Rheinsberg*, geschrieben zum Geburtstag Friedrichs des Grossen am 24. Januar 1921 in »Handlungen und Abhandlungen«; zitiert nach: Gesammelte Werke in Einzelbänden, Prosa I, Stuttgart 1957, S. 32

2 Zitiert nach Paul Ortwin Rave, Karl Friedrich Schinkel, Berlin 1981, S. 26

3 Peter Joseph Lenné als Mitautor von Bethe: »Über Trift- und Feldpflanzungen«, vorgetragen am 8.5.1825, veröffentlicht 1826 in den Verhandlungen des Vereins zur Beförderung des Gartenbaus in den königlich preußischen Staaten, S. 337

wird erhöht, indem man die Spuren des Menschlichen recht entschieden hervorstechen läßt, entweder so, daß man ein Volk in seinem frühesten goldenen Zeitalter ganz naiv, ursprünglich und im schönsten Frieden die Herrlichkeit der Natur genießen sieht, oder die Landschaft läßt die ganze Fülle der Kultur eines höchst ausgebildeten Volkes sehen, welches jeden Gegenstand der Natur höchst geschickt zu benutzen wußte, um daraus einen erhöhten Lebensgenuß für das Individuum und für das Volk im Allgemeinen zu ziehen. Hier kann man im Bilde mit diesem Volke leben und dasselbe in allen seinen rein menschlichen und politischen Verhältnissen verfolgen.«[2]

Nicht nur in diesem Punkte eines Sinnes äußerte sich Lenné 1825: »Durch seine Beziehung auf den Menschen gewinnt das Landschaftsbild erst seine Vollendung. Wie mächtig die Natur in ihren Urformen auf unser Gemüth wirken und wie viel uns davon in der Landschaft übrig geblieben sein mag, immer wird die Spur des menschlichen Daseins einen erfreulichen Zusatz zu den aufgeregten Empfindungen und Gedanken darbieten. Je mehr die Gestalt der Landschaft von der Urform abweicht und der Kultur angehört, desto inniger müssen die Beziehungen der kunstgerechten Formen zu den Wohnstellen und desto kräftiger diese, als Zentralpunkte des Ganzen, herausgehoben werden.«[3]

Das Buch will unter dem Thema der Sichtbeziehungen und der Verlockung zum Gehen auf intelligenten, kundigen Wegen in großen Umrissen die Potsdam-Berliner Parklandschaft skizzieren. In den Text sind nach denselben Kriterien ausgewählte historische Ansichten eingefügt. Die Gegenwart und Lebendigkeit der Bildverflechtungen des Potsdamer Garten-Erbes sollen in den fotografischen Verdichtungen von Manfred Hamm und meinen exkursorischen Beschreibungen sichtbar werden. Meine Texte werden die Sprache der Bilder ergänzen und erweitern, keinesfalls kommentieren. In einer auf dynamische Bildfolgen angelegten Landschaftskomposition müssen Hamms Bilder notwendigerweise künstlerische Konzentrate sein. So versuchen Fotografie und Sprache eine Annäherung an eine großartige Parklandschaft, wollen den Leser zu Genuß und indivueller Glückserfahrung im Sinne des an den Anfang gesetzten Mottos anstiften.

DAS REIFEN EINER PARKLANDSCHAFT

Das Wachsen der Schlösser und Gärten der Potsdamer Parklandschaft ging mehr als zweihundert Jahre seit den Zeiten des Großen Kurfürsten einher mit den Siegen und Niederlagen des preußischen Militärs und der politischen und administrativen Machtentfaltung des preußischen Staates. Das im Stillen gereifte Werk der Künstler, der Architekten und Gärtner wurde durch das klingende Spiel und die vermeintlich bedeutendere Staatsbürokratie übertönt. Nun, da der Rauch des Unterganges dieses Staates unter unsagbaren menschlichen Opfern verflogen ist, ist der Blick unverstellt frei für die andere, die humanere Tradition: von der Garnisonstadt Potsdam bleibt die Stadt der Bau- und Gartenkunst.

Als Peter Joseph Lenné 1816 vom Rhein nach Potsdam kam, anfangs sozusagen auf Probe, fand er eine reichgegliederte, aber nach den Vorstellungen der Zeit spröde, und was den Boden und das Klima betraf, arme Landschaft vor. Allerdings waren schon einhundertfünfzig Jahre zuvor unter dem Großen Kurfürsten bau- und gartenkünstlerische Eckpfeiler in die Potsdamer Naturlandschaft gesetzt und von den nachfolgenden Hohenzollern ausgebaut und erweitert worden, die nun in der ersten Hälfte des 19. Jahrhunderts durch bedeutende Schöpfungen und Ergänzungen zu einem bis dahin nicht erahnten Ganzen wurden. Doch auch dafür waren die notwendigen günstigen Voraussetzungen gegeben. Anfangs ein sparsamer, aber letztlich wohlwollend fördernder Monarch, Friedrich Wilhelm III. Zuerst im Hintergrund, dann jedoch immer stärker hervortretend, war es der begeisterte, phantasievolle Kronprinz, der spätere Friedrich Wilhelm IV., der dem genialen Architekten Karl Friedrich Schinkel, dessen Schüler Ludwig Persius und unserem Lenné den Weg zu gemeinsamer Leistung bereitete. Entscheidenden Anteil an Lennés Berufung hatte der Staatskanzler Fürst Hardenberg, dessen sicherer, weltmännischer und reformerischer Blick auf diesen »Napoleon der Gartenkunst« fiel, wie Fürst Pückler einmal seinen gärtnerischen Konkurrenten anerkennend mißbilligend nannte. Während Lenné für den Monarchen in ihrer Größe und Radikalität niemals genehmigungsfähige, verführerisch schöne Planungen zu Papier brachte, konnte er auf dem Landsitz Hardenbergs, Glienicke, sein erstes Meisterwerk, den Pleasureground, verwirklichen. Was hier entstand, war programmatisch für das weitere Schaffen Lennés. Um dauerhaft Herr der Aussichten zu bleiben, bewog Lenné den Staatskanzler, eine anschließende Büdnerstelle hinzuzukaufen. Auf knapp drei Hektar Fläche wurden über eine in diesem Falle gleichzeitig künstlich geschaffene sanfte Tal- und Hügelbildung subtil komponierte Wege gezogen. Sie führen die nahen Gartenbilder mit duftigen Fernsichten auf die Silhouette von Potsdam, den Jungfernsee und den Babelsberg zusammen.

Lennés Sinnen und Trachten griff stets über die vordergründige Aufgabe hinaus, berücksichtigte die Zusammenhänge des Ganzen. »Überall ist Lennés Augenmerk auf Landes-Kultur und Landes-Verschönerung gerichtet …«, schrieb er mit Überzeugung und Stolz in seinem für die Akademie der Künste 1853 verfaßten Lebenslauf aus Anlaß seiner Ernennung zu deren Ehrenmitglied. In demselben Lebenslauf heißt es: »Der leitende Gedanke war, die Havel als einen See mit einem großen Park in einer Ausdehnung von fast zwei deutschen Meilen [1 d.M. = 7,42 km] von dem Karlsberge bei Baumgartenbrück an bis zur Pfaueninsel zu umgeben.«

Die außerordentliche Entfaltung der Gestaltungskraft Lennés fand allerdings günstige natürliche und geschichtliche Voraussetzungen. Die Havel umschlingt Potsdam und seine westlichen und südlichen Nachbargemeinden mit einer Kette reichgegliederter Seen, an deren Ufern flache Landzungen mit sanften Hügeln und bemerkenswerten Steilhängen abwechseln. Das historische Wortpaar »Insel Potsdam« bringt dies zum Ausdruck. Je nachdem, wie weit man den Bogen schlägt, ist Potsdam – mit bescheidenem Seitenblick nach Rom – von sieben oder mehr Hügeln umgeben. Blicken wir in die Runde, so erhebt sich der Ruinenberg 44,6 Meter, der Pfingstberg 46,5 Meter, der Babelsberg 48,5 Meter, der Böttcherberg 36,9 Meter, der Brauhausberg 58,5 Meter, der Geltower Schäfereiberg 52,9 Meter, der Caputher Krähenberg 45,6 Meter und der Nedlitzer Kirchberg 55,7 Meter über dem Mittelwasser der Havel. Ich habe nur die wichtigsten, landschaftsbildwirksamen Hügel genannt und bitte Hügelpatrioten davon abzusehen, die Nennung weiterer Erhebungen einzufordern.

Mit Lennés eigenen, so raren Worten

Lennés geniale Begabung fand zurecht weitestgehend in ihrem ureigensten Stoff, den Garten- und Landschaftsschöpfungen und den dazugehörigen Planentwürfen ihren Ausdruck. Seine Sprache war und ist das lebendige Gartenkunstwerk, nicht die theoretische Abhandlung. Er spricht aus seinen erhaltenen Gärten und Plänen, darin muß man lesen. Sie sind ein unerschöpflicher und vielschichtiger Text. Lenné war ein leidenschaftlicher Schöpfer und Gestalter von Gärten und Landschaften, ein Mann der künstlerischen Tat. Ein Altersbekenntnis, 73-jährig am 12. Oktober 1862 in Endenich bei Bonn niedergeschrieben, macht das deutlich:

> *»Gottes Natur – mein Meister, sein Himmel – meine Heimat, und meine Werkstatt – Seine weite, schöne Erde.«*

Sein seit 1838 angekündigtes Vorhaben, in der von ihm herausgegebenen »Handbibliothek für Gärtner und Liebhaber der Gärtnerei« den letzten Band »Die schöne oder bildende Gartenkunst« zu schreiben, blieb die 28 Jahre bis zu seinem Tode 1866 Projekt. Die Möglichkeit, die Zeit zur Vollendung seines Gartenreiches zu nutzen, war verlockender. Der Entwurf zu diesem nie geschriebenen Buch wurde 1889 postum veröffentlicht. Darüber hinaus hat der Instinkt des Künstlers um die Gefahr der öden Nachahmung und des Mißverständnisses nur allzugut gewußt und darum zögernd das Projekt vor sich hergeschoben, bis es sich durch das Erscheinen des »Lehrbuches der schönen Gartenkunst« seines Schülers Gustav Meyer im Jahre 1860 erledigt hatte. Das Schicksal dieses Werkes gab dem Zögernden

nachträglich recht. Es lohnt sich um so mehr in den Denk-
schriften und Erläuterungen Lennés nach Bekenntnissen zu
fahnden. Ich bezeichne die schriftlichen Äußerungen Lennés
ausdrücklich als Bekenntnisse, da er diesen Gedanken in seinem
schöpferischen Tun bewußt gefolgt ist, sie aber keineswegs sein
künstlerisches Wollen vollständig beschreiben. Die Frage nach
der Herkunft dieser Ideen oder danach, ob sie seine ureigenste
Erkenntnis sind, ist dabei ebenso unwichtig wie die Frage, ob
sie eine in sich schlüssige Theorie ergeben. Wichtig ist, daß er
sie sich zu eigen gemacht hat und sie für uns eine höchst will-
kommene Ergänzung zum Verständnis seines Werkes sind. Be-
merkenswert ist, daß er diese schriftlichen Bekenntnisse
hauptsächlich in der Aufbauphase seiner ersten zehn Dienstjah-
re in Potsdam, in denen er sich und sein Wollen durchsetzte, zu
Papier brachte. Für die Erläuterung seiner gartenkünstlerischen
Gestaltungsideen ist ein Text, bei dem er nur Mitautor war,
außerordentlich wertvoll. Es handelt sich um die Schrift »Über
Trift- und Feldpflanzungen«, die der Geheime Oberregierungs-
rat Carl G. Bethe (1778-1840) am 8. Mai 1825 dem Verein zur
Beförderung des Gartenbaues vorlegte.[4]

Bethe betonte bei dieser Gelegenheit, daß es eine »von ihm unter Teilnahme des Herrn Lenné verfaßte Abhandlung« sei. Der
dazugehörige Plan des Bethe gehörigen Gutes Reichenbach
wurde von Lenné mit außerordenlicher Sorgfalt gezeichnet
und als gestochene Tafel der Abhandlung beigegeben. Welche
große Bedeutung Lenné der Abhandlung und dem Plan zu-
maß, läßt sich daran erkennen, daß er beides später mehrfach
verschickte. Die sich auf Garten- und Landschaftsgestaltung
beziehenden Beiträge Lennés darin setzen sich auch sprachlich
vom übrigen Text ab und lassen sich mit großer Sicherheit erkennen. Ich habe diese Bekenntnisse nach Sachgruppen geord-
net und ihren Bezug zur Lennéschen Garten- und Landschaftsgestaltung erläutert und möchte dieses Brevier dem
Streifzug durch die Potsdamer Parklandschaft voranstellen. Der
Nachweis des Ursprungs und des Ortes dieser Zitate in der ge-
nannten Schrift wird durch die am jeweiligen Ende in Klam-
mern gesetzte Seitenzahl gegeben.

4 Carl G. Bethe, *Über
Trift- und Feldpflan-
zungen*, veröffentlicht
in den »Verhandlun-
gen des Vereins zur
Beförderung des Gar-
tenbaues in den kö-
niglich preußischen
Staaten« 2. Band, S.
270-349, Berlin 1826

Wie der Bildhauer aus seinem Marmorblock lebendige
Gestalten hervorruft, so bringt der Landschaftsgärtner Leben
und Bewegung in Bäume und Gesträuche durch den Wechsel
der Formen, in ihrer Zusammenstellung zu Licht- und
Dunkel-Gruppen, zu Massen, Hainen und Waldstücken; in
ihren Umrissen auf den Ebenen und gegen den Horizont, in
ihren Anreihungen, Abstufungen und Kontrasten. Gleich dem
Maler arbeitet er mit Farben und Lichtern. Aber es sind die
ewig wechselnden Farben und Lichter, welche das wandernde
Jahr und die immer fortschreitenden Tageszeiten über seine
Gestalten und Umrisse mit immer neuen Reizen verbreiten.
(302)

Es ist für Lenné bezeichnend, daß er die Arbeit des Land-
schaftsgärtners zuerst mit der des Bildhauers vergleicht. Der
Garten wird bei ihm räumlich wie eine Bildhauerarbeit angelegt, und alle Entwurfsarbeit muß im Raum gedacht werden
und sich am gegebenen Raum inspirieren und in ihm überprüft
werden. Die endgültige Entscheidung und Formgebung erfolgt
durch den Gartenkünstler stets am Ort, im Raum. Gleichzeitig
ist durch den Gartengestalter Farbe und Licht wie in der Malerei einzusetzen und zu berücksichtigen. Seine Raumkompositi-
on und Besucherführung (= Wegeführung) rechnet damit, daß
mit dem unterschiedlichen Licht nach Tages- und Jahreszeiten
und der jahreszeitlich unterschiedlichen Farbpalette eine Gar-
tenpartie eine Vielzahl von Erscheinungsformen, Stimmungs-
werten und Aussagen aufnimmt.

Vor allem ist zu bemerken, daß sich die Bildungen
der schönen Gartenkunst keineswegs auf Dekorationen, auf
die Mittel gefälliger Anschauung beschränken. Wir wollen in
denselben die schöne Natur genießen, also gemüthlich eben so
sehr als geistig angeregt sein. (298)

Dieser wesentliche Satz kann in seiner biedermeierlichen Aus-
drucksweise von einem heutigen Leser leicht mißverstanden
werden. Er sagt aus, daß ein Garten sich nicht auf seine ästhe-

tische Wirkung beschränken darf, sondern daß zum wahren Genuß auch seine Wirkung auf das Gefühl und den Verstand
gehören. Wie die Gartenbilder durch die Wegeführung in varia-
tionsreiche Sinnzusammenhänge gebracht werden sollten, beschreiben die folgenden Sätze:

Es genügt uns nicht in der Natur einen oder den andern
Gegenstand von gefälliger Art und Aufschmückung zu erblik-
ken. Wir begehren, daß sich alles Sichtbare zu angenehmen
Szenen zusammenfüge, und das nicht blos auf einem oder
dem anderen Standpunkte, sondern in fortschreitender Ent-
wicklung und immer neuen, bald vorbereiteten und dann
wieder überraschenden Bildern, bald in gefälliger Beschrän-
kung, dann wieder in weithinreichender Ausbreitung. (302/303)
Wenn wir einerseits eine gewisse Abrundung und Begren-
zung der Szenen bis zur Befangenheit und individuell
bestimmte Formen des Ganzen und des Einzelnen begehren:
so sind wir doch jeder Abgeschlossenheit feind. In der befan-
gendsten Szene muß sich dennoch der Ausgang und die
Verbindung mit dem größeren Ganzen erkennen lassen …
Hinter dem Sichtbaren muß immer noch ein anderes
Erreichbares durchblicken oder sich doch ahnen lassen, und
die weiteste Ferne darf uns nicht verschlossen sein. (303/304)
Wir sind nicht zufrieden, daß sich diese Bilder und Szenen
zufällig aneinander reihen. Wir verlangen vielmehr, daß
sich in dem Zusammenhange derselben ein geordnetes Ganze
darstelle, charakteristisch und individuell gebildet nach den
hervorstechenden Massen und Formen des eingerichteten
Bezirks und seiner Umgegend, sei es, daß der Garten und
die Landschaft selbst, Standpunkte der Umschau darbiete,
auf welchem sich dieses Panorama sinnlich auslegt, oder daß
sich die Seele solches vor dem innern Auge zusammenstellt,
ähnlich der Operation, wie uns der Grundriß einer wohlge-
bauten Stadt, oder die Folge und der Zusammenhang der
Zimmer und Hallen eines weitläufigen Prachtgebäudes,
auf unsern Wegen durch dieselben klar und deutlich
werden. (303)

Lenné beschreibt zwei Mittel, durch die Bildsprache des Gartens ästhetische und inhaltliche Aussagen zu treffen. Das eine ist die Zusammenschau verschiedener Bilder im Panorama von einem Standpunkt. Das andere ist die Verbindung der Bilder durch Beteiligung des »inneren Auges« , das heißt, das Zusammenfügen der erlebten Bilder in zeitlicher Abfolge mit dem im Augenblick wahrgenommenen. Die Bedeutung des Erinnerns und der zeitlichen Dimension im dynamischen Erlebnisprozeß des Gartens wird deutlich. In diesem Sinne verlangt Lenné in den folgenden Sätzen charakteristische und einprägsame Grundlinien und Umrisse bei der Gartengestaltung – um der Wiederholung des Genusses in der Erinnerung willen:

In den allgemeinen Grundsätzen über die ästhetischen Anordnungen unserer Pflanzungen haben wir bereits darauf aufmerksam gemacht, daß die Formation individueller und charakteristischer Bildungen ein wesentliches Stück des Bepflanzungsplanes sei. Wir bitten unsere Leser sich des lebhaften Bestrebens zu erinnern, welches sich ihnen nach dem jedesmaligen Genusse einer schönen Landschaft aufgedrungen hat, dieselbe in bestimmten Grundlinien und Umrissen zu denken.

Je deutlicher und kräftiger sich in einer gegebenen Landschaft die Formen ausdrücken, desto angenehmer und lebhafter ist die Wiederholung des Genusses in der Erinnerung, und der wesentliche Unterschied in dem Genusse eines wohlgeordneten Parks und einer blos aus Naturbildungen und den zufälligen Zusätzen des Anbaues zusammengesetzten Landschaft, geht eben daraus hervor, daß in der Vorstellung der letzteren, wie schön auch das Einzelne sein mag, Alles in unbestimmten Formen und Umrissen schwankt, in der Vorstellung von dem Park aber bestimmte Grundzüge dargeboten werden, welche die Auffassung und Erneuerung der inneren Anschauung erleichtern. Es ist in der Tat ein Bedürfnis unserer Seele, daß sie in dem mächtigen Andrange aller in einander fließenden Formen der Landschaft einen Anhalt an bestimmten Linien habe, um sich darin zurecht zu finden, und mit einer gewissen Beruhigung darin umher zu schweifen. (311)

Beim Durchschreiten eines von Lenné oder Pückler gestalteten Gartens auf den verbürgten originalen oder restaurierten Wegen offenbart sich dem aufmerksamen Kenner, auf welch subtile Weise diese »stummen Führer« aus den Kurven heraus den Blick in Gartenräume, auf Gegenstände der Natur und der Kunst im Nahbereich und in duftiger Ferne lenken. Wie ihre Linienführung die schönen Schwingungen der Erdoberfläche ins Bewußtsein heben und wie sie in einem spannungsvollen Spiel durch Verbergen und überraschendes Öffnen locken, ihrem Lauf zu folgen. Andererseits sind sie so ins Gelände eingepaßt, daß sie abgesehen von dem Weg, auf dem man gerade schreitet, nicht sichtbar sind und nicht ins Bild treten. Auch die hier folgenden Äußerungen Lennés über die Wege beschreiben den jeweiligen höchst individuellen Umgang mit dem Mittel der Regieführung, dem Weg, nur teilweise.

Bei den ästhetischen Anlagen macht die Anordnung der Wege ein sehr wesentliches Stück des Planes aus. Es will uns aber scheinen, daß die große Bedeutung derselben, in den gartenmäßigen Anlagen, noch nicht genugsam herausgehoben sei. Gewöhnlich findet man sich zufrieden gestellt, wenn sie auf einige interessante Aussichtspunkte hingeleitet und in geschwungenen Linien geführt werden. Wie viel mehr dabei aber zu bedenken ist, wird sich aus folgenden Bemerkungen ergeben: Die Vorstellung allein von der bequemen Zugänglichkeit jenes bemerkenswerten Punktes, gewährt uns schon sehr angenehme Empfindungen.

Ein Schmuckweg unterscheidet sich von dem ökonomischen Wege dadurch, daß er nicht bloß auf einen oder den andern Punkt und auf die Kommunikation mit demselben berechnet ist. Seine Bestimmung ist vielmehr, daß er in seinem ganzen Laufe unterhaltend sei und, indem er die Linie bezeichnet, auf welcher wir alles in der vorteilhaftesten Zusammenstellung sehen, was die Anlage und ihre Umgebung Angenehmes darbietet, uns die Mühe erspare, die Standpunkte aufzusuchen.

Aller Schmuck der Anlagen muß sich zunächst demselben konzentrieren und alle Formen der ihn umgebenden Felder und Pflanzstücke müssen darauf berechnet sein, daß sich im Fortschreiten auf demselben eine durchgeführte Szenerie entwickele. (525)

Die wellenförmigen Schwingungen der Wege sind für sich schon malerische Stücke der Gartenbildung. Ein einfacher Weg im gefälligen Zuge über einen Grasplatz oder in passender Richtung am Abhange eines Hügels hingeleitet, macht schon ohne weiteren Zusatz einen sehr angenehmen Eindruck. Allein die Wirkung jener Schwingungen ist noch viel ausgedehnter. Auf den bewegten Weglinien vervielfältigen und beleben sich alle an dieselben sich anschließende Formen. Jeder Schritt zeigt sie in anderen Richtungen, Umrissen und Zusammenstellungen; und bei schneller Fortbewegung auf der gekrümmten Linie umkreisen uns dieselben, gleich lebendigen und tanzenden Figuren. (522.523)

Die Begeisterung, mit der Lenné die Wirkung der Bewegung auf den dynamisch geführten Wegelinien beschreibt, zeigt, daß darin eine Schlüsselfunktion für das Gartenerlebnis liegt. Die Lebendigkeit der Szenerie als Reflex der eigenen Bewegung!

Was ich als erfahrbare »Kühnheit der Wegeführung« zu bezeichnen pflege, wird mit den folgenden Sätzen umrissen:

Es findet bei der Führung der Pflanzlinie, behufs dieser Aussonderung, wie bei allen miteinander in Beziehung gesetzten Umrissen und Konturen, eine Regel Anwendung, für welche wir noch keinen bestimmten Ausdruck haben. Eine Weg- und Pflanzlinie in der Richtung geführt, nach welcher sich ein Hügel senkt, sind bei weitem nicht so gefällig, als solche, die in schneidenden Linien, an denselben hinlaufen. (300)

Die Ausformung des Weges im Zusammenspiel mit der Bodenbewegung, Blickführung und Gehölz- und Pflanzengruppierung war für Lenné und Pückler eine in der jeweiligen Geländesituation künstlerisch zu lösende, gleichsam bildhauerische Arbeit. Bei der Analyse der erhaltenen oder restaurierten Wege Lennés findet sich eine für ihn charakteristische Grammatik der Wegeführung, zu der keine schriftlichen Äußerungen von ihm bekannt sind. Es ist die Wegeführung über einen Hügel verbunden mit dem im Sinne des Wortes schrittweisen Heraufkommen des Horizontes bis zur vollen Öffnung eines neuen Bildraumes. Auch das leichte Anheben des Weges durch eine Bodenschwellung in einer dicht umpflanzten Biegung vor der Freigabe einer überraschenden Sicht zählt dazu. Ein Mittel der leisen Ankündigung, eines unmerklichen Aufbaus einer sich bald lösenden Spannung. Das sind Regeln der Wegegrammatik die sich in immer neuen Kompositionsgefügen durch das fünfzigjährige Potsdamer Schaffen Lennés ziehen. Besonders beachtenswert sind die Beispiele in Gärten, in denen Lenné die landschaftliche Bodenmodellierung auf zuvor terrassiertem oder tischebenem Gelände erst schaffen mußte und somit Wegeführung und Geländemodellierung vorgabefrei gemeinsam konzipieren konnte und nichts Zufälliges zu berücksichtigen war.

Die Bodenbewegung

Lennés Nachfolger im Amte, Ferdinand Jühlke, schrieb 1872: »Meisterhaft, wie selten Einer, verstand Lenné die Bodenformation zu individualisieren und dabei in schwungvoller, malerischer Konzeption der lokalen Physiognomik der Gruppierungen in Form und Farbenton einen Ausdruck zu verleihen, von welcher alle seine zahlreichen Schöpfungen im Vaterlande das sprechendste Zeugnis ablegen.« Die vorgefundene natürliche Bodenbewegung durch Wegeführung und Pflanzungen erlebbar zu machen und in ihrer Wirkung zu steigern war die überwiegende Aufgabe, wobei verschönernd und ergänzend eingegriffen wurde. In drei Gartenanlagen hat Lenné auf zuvor terrassiertem oder tischebenem Terrain künstlich-künstlerisch eine gänzlich neue Erdoberfläche geschaffen: im Pleasureground von Glienicke, im Park Charlottenhof und im Marlygarten. Für die wesentliche Rolle, die bei ihm der Skulptur der Erdoberfläche zukommt, fand er eindrucksvolle Sätze.

Unendliche Reize sind in den Unebenheiten (der Bewegung)
des Bodens versteckt und doch mit so geringem Aufwand be-

merkbar zu machen. Eine schöne Senkung des Bodens wird
herausgehoben und ihr Genuß erhöht durch Bepflanzung
derjenigen Grenzlinien, wo sie sich in gleichgültige Flächen,
in schroffe Vertiefungen (Wasser = Risse usw.) oder ungefäl-
lige Erhebungen verliert. (...)
Ähnlich wie mit den Anschwellungen des Bodens verhält es
sich mit den Hügeln und Bergen. Einige sind vorzüglich
schön, andere daneben unangenehm oder doch nicht passend
zu jenen; andere haben einzelne schöne Teilstücke. Die unge-
staltete Anhöhe wird durch dichte Bepflanzung geschmückt;
der schöne Hügel durch leichte (gruppen- und hainförmig)
Bepflanzung verschönert ... (300)

Pflanzung

Weder die Darstellung der Fülle der Gehölzearten und –zusammenstellungen, die Lenné in seinem fünfzigjährigen Wirken in
Potsdam pflanzen ließ, noch die zu verzeichnenden Abwand-
lungen je nach Charakter des Gartens und der eigenen künstlerischen Entwicklung können Gegenstand dieses Buches sein.
Wir wollen uns auf einige grundlegende Aussagen Lennés zu
diesem Thema beschränken. Wesentlich für Lenné war eine
kontrastierende Pflanzung sowohl in den Grüntönen, aber noch
mehr in der Kontur. Bei der Vorstellung seiner drei Pläne zum
Volksgarten bei der Stadt Magdeburg am 9. Januar 1825 vor
dem Verein zur Beförderung des Gartenbaues machte der Gartendirektor Lenné darauf aufmerksam,

daß die hintereinander aufsteigenden Baummassen in ihren
gegenseitig sich deckenden perpendikulären Umrissen zwar
scharf kontrastieren, in ihrer Begrenzung gegen den Hori-
zont aber großartig gehaltene angenehme Wellenlinien be-
schreiben. Nach derselben Regel [der der schneidenden
Linie] verlangen wir ein verschiedenartiges Emporstreben
der hintereinander aufsteigenden Baumgruppen. Eben
danach, divergierende Richtungen der gegenüber liegenden
Einfassungslinien größerer Breiten. (300)

Die erstrebte bewegte Wipfellinie vergleicht Lenné sehr poetisch mit den durch den Mondschein hervorgehobenen, malerisch geformten Wolkenrändern.

> *Der Himmel selbst gewinnt durch die gegen denselben gerichteten lebhaft bewegten Konturen. Andere Lichter haften an den tiefen Einschnitten, andere schweben über den höher aufsteigenden Fernen. Angenehmer strahlt die Sonne durch die Baumzweige.*
>
> *Die Bilder, welche uns der wandelnde Mond in seiner Stellung zu den Wolken darbietet, wiederholen sich in den Begrenzungen der Baumgruppen und treten aus denselben geschmückt durch neue Formen, Farben und Lichter reizender und kräftiger hervor. Ein Sternbild, ja ein einsam funkelnder Stern gewährt in solcher Einfassung einen lebhaft erregenden Anblick. (302)*

Das Zusammenspiel von Bodenbewegung und Gehölzbepflanzung nach charakteristischen Regeln ist ein wesentliches Mittel zur Bildung der ineinander übergehenden Gartenräume.

> *Die geringste Erhöhung, wenn auch nur mit wenigen wohlgeformten und gruppierten Bäumen besetzt, gewährt schon einen angenehmen Anblick. Ein einziger wohlgeformter und bepflanzter Hügel schmückt eine ebene Gegend meilenweit. Das Gefallen wächst mit der Zunahme der bewachsenen Höhen. (...)*
>
> *Man hat bei der Bepflanzung der Hügel noch dafür zu sorgen, daß dem unterhalb liegenden Felde ein Teil der Anschwellung verbleibt, in welcher sich dasselbe aus dem Tale erhebt. (...)*
>
> *Eine solche Bewegung der Ebene unterhalb der weiter aufstrebenden Höhe wirkt sehr wohltätig. Nur in seltenen Fällen ist es ratsam, die Hügel bis an den Fuß derselben zu bepflanzen und niemals dürfen die Täler unterhalb ausgefüllt werden. (301)*

Durch Pflanzungen gibt Lenné vorgefundenen, zeigenswerten Dingen einen größeren Wert oder bringt sie uns nahe.

> *Isolierte Gegenstände, welche, einzeln in der Landschaft verstreut, unscheinbar sind, ein Haus, eine Mühle, ein kleiner*

Wasserspiegel werden durch Anpflanzung eines Hinter-
grundes herausgehoben. Ferne Gegenstände, Kirchen und
deren Türme ect., werden durch Gruppen im Vorgrunde und
kräftiger noch durch alleeförmige, oder nach Art der
Durchhaue aufgestellte Bildungen, welche jene Gegenstände
gleichsam in Rahmen fassen, herangezogen. (301)
Bieten sich ganze Dörfer und Vorwerke dar: so fasse man
diese mit großartigen Pflanzungen ein. Zwar müssen diese
allerdings manches Haus und vor Allem das Wohngebäude
des Haupthofes sehen lassen. Allein die Verhüllung des Übrigen, die mehr erraten, als sehen läßt, wird der Vorstellung
von dem Umfange eine viel größere Bedeutsamkeit geben,
als die Freistellung zu tun vermag. (338)

Wasser

Gehen wir nun zu denjenigen Gegenständen über, von welchen wir die meiste Wirkung zu erwarten haben: so bieten
sich uns die Gewässer als die ersten Partien der Landschaft
dar. Blos als farbige Flächen betrachtet gewähren sie in
chameleontischen Wechsel die angenehmsten Kontraste und
Übergänge, jetzt spiegelhell, dann silberschuppig, durch alle
Nüancierungen des Grünen bis zur Schwärze verdunkelt;
jetzt blau in tausendfältigen Abstufungen, dann durch das
unendliche Farbenspiel des Wolkenschimmers bis zu einem
Glutmeere gesteigert. Wie aus Äther gewoben, tauchen alle
Gestalten aus ihren Fluten veredelt auf, und mit einer solchen
Liebe hat die Natur dieses ihrer Werke ausgestattet, daß sich
der ganze Himmel darin spiegelt. Alle lebendigen Wesen finden sich dadurch angezogen, alle Gewächse sprossen freudi-
ger empor, die Wolken steigen auf und nieder und die Blitze
selbst lieben es in die Fluten unterzutauchen. Wie jeder denke
und empfinde, keiner ist, dem sie nicht erquickende Vorstellungen erwecken und gefällige Erinnerungen, süße Empfindungen und lebhaft bewegte Gedanken erregen sollten. Sehr
treffend wird daher das Wasser, nach dem empfindlichsten

Organe der Menschenbildung, nach diesem reizbaren Spiegel, aus welchem die Bewegung seines Innern und die Erscheinungen der Außenwelt gleich lebendig hervorstrahlen, das Auge der Landschaft genannt. (335)

Da dem Wasser die Eigentümlichkeit zukommt, daß selbst die größte Ausdehnung desselben nicht ermüdet, so kommt es bei der Behandlung großer Gewässer nur darauf an, die mit ihnen in Verbindung zu setzenden Pflanzungen, zur weiteren Aufschmückung zu benutzen. Am Wirksamsten geschieht dies durch Bepflanzung der in die Gewässer vortretenden Höhen, Inseln und Halbinseln. Einen besonders angenehmen Effekt macht es, wenn sich die Gelegenheit darbietet, die Gewässer in mehreren scheinbar hinter einander aufsteigenden Spiegeln darzustellen. (336,337)

Das Bild hintereinander aufsteigender Wasserspiegel findet sich mehrfach in der Potsdamer Parklandschaft. Eindrucksvollstes Beispiel ist im Neuen Garten der Blick über den Heiligen See und die Havel zur Pfaueninsel. Vom Park Babelsberg geht der

Blick auf Potsdam vom Park Babelsberg mit dem Bildstöckl im Vordergrund, 1862.
Julius Schlegel, Bleistift, weiße Deckfarbe

Blick von der Schloßhöhe über den Tiefen See zum Jungfernsee. Ein gleicher Eindruck wird dort beim Blick nach Potsdam
durch die flache Landzunge, die das Bildstöckl schmückt, her-
vorgerufen. In Petzow steigt hinter dem Spiegel des Haussees
der des Schwielowsees auf.

> *Kein Wasserstück ist ohne Verbindung mit Bäumen befrie-*
> *digend. Aller Effekt hängt von dem umgebenden Gehölze ab.*
> *Reizend ist es die fließenden Wasser bald in dem Dickicht des*
> *Gehölzes beschattet und verborgen, dann dieselben wiederum*
> *in vollem Lichtglanze in der Umgebung malerischer Grup-*
> *pen und Massen und diese als zurückgespiegelte Bilder zu*
> *sehen; es ist nicht minder angenehm, den Lauf eines Baches*
> *und Flusses in Wendungen und Fernen, wo man ihre Was-*
> *serspiegel nicht mehr erkennen kann, dennoch in den beglei-*
> *tenden Baumpflanzungen zu verfolgen. Größere Wasserstücke*
> *empfangen von den Pflanzungen angenehme Umrisse, schöne*
> *Gegensätze ihrer glanzvollen Ebenen, die Ruhe zu ihrer Be-*
> *weglichkeit, ihre einfallenden Lichter und Schlagschatten, be-*
> *lebende Formen und Farben für ihre Spiegelflächen. (301,302)*

Fernen

Die intelligente Verknüpfung der Parkräume mit entfernteren
Bauwerken und Landschaftsbildern durch Sichtbeziehungen
aus der Wegführung heraus oder von Aussichtspunkten her ist
Lennés auffälligstes Gestaltungsmerkmal. Es ist somit folgerichtig, daß er bei der landschaftsgärtnerischen Gestaltung der
Reichenbacher Feldflur, die von der Sache her von aufwendi-
gen bau- und gartenkünstlerischen Anlagen absehen muß, dieses Mittel ausführlich erörtert und einsetzt.

> *Es ist die Sache der Kunst, diese Gegenstände [... welche noch*
> *im farbigen Gesichtskreise d.i. in solchem Bereiche liegen, daß*
> *sie dem unbewaffneten Auge in ihren eigentümlichen Farben*
> *erscheinen ...] mit ihren Bildungen so zu verweben, daß sie*
> *ein Ganzes mit denselben auszumachen scheinen. Wir wenden*
> *uns aber jetzt, von jenen integrierenden Bestandteilen der*

Landschaft, zu einem davon wesentlich unterschiedenen Kreise, dem der bläulichen Ferne, die sich wie eine zweite Welt, wie der Ring des Saturn um seinen Kern, wie ferne Küsten und Wolkenbildungen, an den farbigen Gesichtskreis anschmiegt. Dies ist das Land, dessen Bedeutsamkeit wir oben schon angeredet haben, das Land der Phantasien, der weithin führenden Gedanken und einer unendlichen Sehnsucht. Wer sagt uns, was wir, die Glücklichen auf dieser heiteren Scholle, noch in der Ferne zu suchen haben, daß wir gar nicht aufhören können hineinzuschauen und ihre unleserlichen Züge wie bedeutsame Rätsel zu entziffern? Wie es sich damit verhalten möge, der Künstler würde uns in seinem Werke schlecht beraten, welcher diesen Stoff unbenutzt ließe.

Wir wollen versuchen einige Anleitung dazu zu geben – das Meiste muß dem eigenen dichterischen Vermögen des Künstlers überlassen bleiben – wie derselbe würdig zu behandeln ist.

1) Wir unterscheiden dabei zuvörderst diejenigen Bestandteile, welche, wenn auch schon dem farbigen Gesichtskreise entrückt, doch noch als bestimmt unterschiedene Gestalten hervortreten, als Türme, Schlösser, Bergkuppen usw. Sie werden gleich den farbigen Bildern einzufassen und in die Landschaft herein zu ziehen sein. In dieser Abgrenzung werden sie uns näher gebracht. In so ausschließlicher Beschäftigung mit dem isolierten Gegenstande, überspringt unsere Vorstellungskraft die trennenden Räume, restauriert die erloschenen Farben, und die eingeschrumpften Größen wachsen zu ihrer Riesengestalt wieder auf.

2) Wiederum eine andere Behandlung fordern weit ausgedehnte, aber noch in bestimmter Form sichtbare Bilder, als: eine, in ihrem ganzen Umrisse sichtbare Stadt oder eine Bergreihe, welche eine beträchtliche Strecke des Horizonts einnimmt. Ein solches Bild lasse man als eine zweite Landschaft, als eine Fortsetzung der näheren, als eine für sich bestehende Gruppe, im eigenen Felde sich ausbreiten. Es würde ein vergebliches Bestreben sein, sie mit den nahen Gegenständen vereinigen zu wollen. Sie müssen als isolierte Bilder stehen bleiben.

*3) Auf gleiche Weise behandele man die hin und wieder unter
besonders günstigen Umständen vorkommenden Landschafts-
stücke, die sich gleich den Landkarten, in einer weit in die
Ferne aufsteigenden Fläche oder in einem weithin streichenden
Tale vor unsern Blicken auslegen. Endlich
4) kommen die in einander fließenden Bilder der Ferne in
Betracht, aus welchen nur hin und wieder Lichtpunkte und
wenig hervortretende Gestalten aufblicken.
Diesen Ring behandle man, nach der vorausgeschickten
Anregung, ganz eigentlich wie eine ferne Küste und zweite
Welt. Man verhüte vor Allem, daß die Farben der näheren
Gegenstände allmählig verlöschen, begrenze jene Nebelge-
stalten vielmehr in keckem Kontraste durch die lebhaften
Konturen und Farben naher Zwischenpflanzungen. Man
benutze die Lokalität, um jenen Kreis in mehrere Abschnitte
zu zerlegen und bald ein größeres Teilstück, bald ein kleineres
davon sehen zu lassen. Wo sich im Mittelgrunde eine kecke
Höhe darbietet, zeichne man dieselbe durch ein Haus oder
irgend einen andern Gegenstand, als die Zinne aus, die sich
der Seele als den Standpunkt vorstellen wird, von welchem
alle jenseitigen Herrlichkeiten zu überschauen sind.* (340,341)

DAS WESEN DER EINZELNEN
GARTENINZSENIERUNGEN IN IHRER
ZEITLICHEN ENTWICKLUNG

Sanssouci

Die Schöpfung Friedrich des Großen und seines Architekten
Georg Wenzeslaus von Knobelsdorff, der Garten von Sanssouci, erstreckt sich am Fuße eines 38 Meter über dem Havelspiegel in ost-westlicher Richtung verlaufenden Höhenzuges. Ansichten des 18. Jahrhunderts zeigen die Bauwerke auf dieser
Höhe von der südwestlich strömenden Havel her weit sichtbar
über dem Garten mit seinen Architekturen. Das Panorama beginnt im Osten mit dem Ruinenberg, gefolgt von der Bilderga-
lerie, von Schloß Sanssouci, den Neuen Kammern mit der Mühle dahinter, dem Drachenhaus, dem Belvedere auf dem
Klausberg und dem Neuen Palais mit den Communs. Friedrich
hatte seine Sommerresidenz auf der Höhe in Distanz zum Fluß
erbaut, der dennoch optisch ganz nahe war. Eine Weite der Aussicht auf das Flußtal und vom Wasser her, die in der zweiten
Hälfte des 19. Jahrhunderts durch Bebauung und Baumwuchs
verloren ging. Der Zauber der hohen, freien Lage ist dem
Schloß Sanssouci geblieben, wenn auch der Blick von der Terrasse sich an Hochhäusern stört. Der Bauherr des Schlosses be-
schrieb 1747 seinem Freunde, dem Marquis d'Argens, in franzö-
sischen Versen, was auch heute den Frühaufsteher bezaubert:

>»À l'aube ce palais se dore
>Des premiers rayons de l'aurore,
>Sur lui directement lancés;«

Während im Parterre und auf den Terrassen noch die blauen
Schatten der Nacht lagern, erstrahlt das Schloß im Licht der
frühen Sonne.

Nach Norden geht die Aussicht vom Kolonnadenhof des
Schlosses auf den Ruinenberg, der das Reservoir für die Fontä-

nen trägt, von einem Capriccio römischer Ruinen umgeben. Selbst in Gehölz eingebettet, wirkte es in der weiten Feldflur wie eine Fata Morgana des Forum romanum. Die Ruinen an der projektierten Quelle aller friderizianischen Wasserkünste waren leider ein schlechtes Omen für den Erfolg dieses Unternehmens. Erst dem frommen Nachfolger und Romantiker auf dem Thron sprangen fast hundert Jahre später die Brunnen und Fontänen im Überfluß, dank der Dampfmaschine und der Eisenrohre von August Borsig. Mit dem 1770 bis 1772 erbauten Belvedere auf dem Klausberg oberhalb eines weiteren königlichen Weinberges wandte Friedrich sich der reinen Aussichtsarchitektur zu. Von der Höhe des Belvedere geht der Blick sowohl über die Gefilde des Parks wie zu den Feldern und Hügeln im Norden. Siebzig Jahre später griffen Friedrich Wilhelm IV. und Lenné diesen Ansatz auf und erweiterten ihn in den Projekten zur Triumphstraße und den Arbeiten auf dem Ruinenberg und der geschmückten Bornstedt-Bornim-Nedlitzer Feldflur.

Die zwei Kilometer lange schnurgerade Hauptallee die Friedrich quer zur Sanssouci-Achse zwischen den Weinbergterrassen und dem Parterre vom Obelisken bis zum Neuen Palais anlegen ließ, ist eine Ordnungslinie, die der Spaziergänger hin

und wieder kreuzt und ein Stück von Rondel zu Rondel be-
nutzt, die er aber klugerweise ebensowenig in Gänze abschrei-
tet wie Ludwig XIV. dies mit der Hauptallee von Versailles tat.
Insofern war es 1816 für den 27-jährigen Garteningenieur
Lenné aus Bonn mit dem Auftrag, Verbesserungsvorschläge für
die Potsdamer Gärten auszuarbeiten, folgerichtig und konse-
quent, daß er die gewaltige Sichtbeziehung bestehen lassen, ja
sogar noch malerisch verbreitern, jedoch ihre Begehbarkeit
aufheben und den Blick zu ihren Endpunkten nur von den
reichlich kreuzenden Wegen zulassen wollte. Der pietätvolle
König Friedrich Wilhelm IV. gestattete dem Potsdamer Neuling
glücklicherweise die schöpferische Untat nicht.

Das Parterre zu Füßen der Weinbergterrassen war schon bald
nach dem Tode Friedrichs II. von dem aus Wörlitz herbeigehol-
ten Landschaftsgärtner Johann August Eyserbeck beseitigt und
mit Strauch- und Baumwuchs gefüllt worden. Die Hecken im
östlichen Lustgarten ließ man seit dieser Zeit unbeschnitten, so
daß sie sich zu eng stehenden, linearen Baumreihen auswuch-
sen. Unter Friedrich Wilhelm III. hatte Lenné begonnen, diesen
altertümlich-steifen Gartenbereich durch Aufbrechen der

Blick vom Atrium der
Friedenskirche in den
Marlygarten, um 1850.
Carl Graeb, Aquarell

Baumreihen und Einfügen gekrümmter Wege im Sinne des Landschaftsgarten umzugestalten. Mit Friedrich Wilhelm IV., der 1840 den Thron übernahm und Sanssouci nicht erst dann, sondern schon zuvor als Kronprinz bewohnte, kam es aus diesem historischen Bewußtsein heraus auch im Garten zur Umkehr. Lenné war aufgefordert und schickte sich an, die friderizianische Struktur im östlichen Lustgarten wiederherzustellen. Es ging dabei jedoch nicht bis ins pflanzliche Detail. Zeitgleich mit diesem Vorgang hatte sich 1845 der fromme Monarch hundert Jahre nach dem Baubeginn von Schloß Sanssouci entschieden, den Grundstein zu einer Kirche für den Hof und die Bewohner der Nauener Vorstadt zu legen. Der große Vorfahr, Atheist und Freund Voltaires, hatte in Sanssouci keine Notwendigkeit zu einem Kapellenbau gesehen. Als Bauplatz für das neue Gotteshaus, die Friedenskirche, hatte man die Grenze zwischen dem 1715 vom Soldatenkönig Friedrich Wilhelm I. angelegten prosaischen Küchengarten und dem ehemaligen Hopfengarten festgelegt. Der Küchengarten, vom Soldatenkönig mit ironischem Hohn gegen das luxuriöse Marly des Sonnenkönigs Marly genannt, behielt seinen Namen. Lenné bot sich die Gele-

genheit 1846 bis 1847, das platte Gemüseland direkt vor seiner Dienstwohnung zu einer »Perle des Landschaftsgartens« zu formen, wie sein König bewundernd feststellte. Es entstand etwas in der Gartenkunst Einzigartiges, ein bewußter Kontrast von hundert Jahren Gartengeschichte absichtsvoll nebeneinandergesetzt in einer im Rahmen des Lennéschen Sichtenspiels bemerkenswerten Konstellation. Die Küchengartenmauer, die das nun bewußt bewahrte und wiederhergestellte Heckenquartier des friderizianischen Lustgartens von dem neuen landschaftlichen Marlygarten trennte, blieb erhalten. Altes und Neues wurde nicht vermischt, sondern bewußt nebeneinandergesetzt. Dahinter steht eine tiefe philosophisch-religiöse Symbolik. Der Kirchweg des Königs führte vom Schloß Sanssouci über den Lustgarten durch die enge Heilandspforte. Der Weg dorthin geht durch einen vom Lustgarten zum Marlygarten führenden Laubengang, der vor der Mauer aufhört und sich jenseits von ihr mit geänderter Richtung fortsetzt. Der Weg zur Kirche führt nur durch die Heilandspforte weiter links von diesem inszenierten Bruch. Der rund zweihundert mal hundertzwanzig Meter messende Marlygarten mit seiner künstlich hergestellten

Teehügel im Marlygarten, um 1850. *Chromolithographie nach einem Aquarell von Carl Graeb*

feingliedrigen Bodenbewegung und den vor- und zurücktre-
tenden Gehölzkulissen entfaltet namentlich bei Benutzung der
schmalen Seitenwege eine räumliche Vielfalt, die ihn wenig-
stens so breit wie lang erscheinen läßt. Welche Aufmerksamkeit
man der Bodenmodellierung zollte, geht daraus hervor, daß
dem Werk August Kopischs über die Potsdamer Schlösser und
Gärten eine leider nicht erhaltene Karte: »Der jetzige Garten
Marly mit allen Bodenschwingungen« beigegeben werden sollte. Er führt ein in sich ruhendes Eigenleben mit einem großen,
auf den Kirchturm bezogenen und einem kleinen auf die Villa
Illaire ausgerichteten Gartenraum. Gerade bei dieser bewußten
Trennung vom großen Sanssouci gibt es dennoch zwei Sicht-
verklammerungen dieser sich ergänzenden Kontrastgärten. Auf
der Hauptachse von Sanssouci, angesichts des Schlosses auf
der Höhe, führt rechtwinklig nach rechts ein fast gleich breiter
Weg zum Marlygarten mit dem spannungsreich aus der Sym-
metrieachse gerückten Kampanile der Kirche als Zielpunkt. Der
Weg war ursprünglich vor dem Eintritt in den eigentlichen
Marlygarten durch ein niedriges, grünes Holztor unterbrochen.
Es sollte wegen seiner einladend-trennenden Wirkung wiederhergestellt werden. Auf der östlichen Gegenseite ist im Bereich
des Obelisken der Einblick in die barocke Hauptallee verknüpft mit der Durchsicht über den malerisch konturierten
Friedensteich auf die sich mit den uferbegleitenden Bäumen
spiegelnde Baugruppe der Kirche. Auf die gärtnerische Inszenierung der religiösen Ikonographie des Marlygartens kann im
Rahmen der Zielsetzung dieses Buches nicht eingegangen werden. Nur dem zur Kirche führenden Hauptweg und dessen Beziehung zur Bodenbewegung wollen wir hier noch unsere
Aufmerksamkeit schenken. Nachdem der von der Sanssouci-
Achse abgehende breite Zugangsweg über das künstlich ge-
muldete Tal hin das Ziel, Kampanile und Atrium der Kirche, in
den Blick gerückt hat, führt er mit einem weit ausholenden
Linksbogen zum Gotteshaus. Dies ist allerdings nur auf der
Karte ablesbar, der Spazierende kann das Ziel keineswegs erkennen, nur vermuten. Zweimal wird dieser Hauptweg, jeweils
nach einem Drittel der Strecke, über eine Bodenerhebung, ver-

bunden mit dichter beidseitiger Abpflanzung, geführt. Vor der spannungsreichen, ansteigenden Kurve verlockt jedesmal ein schmaler Pfad, der den Blick auf die Flora in ihrem Fächerbeet lenkt, ihm zu folgen. Wer der ersten Verlockung folgt, gelangt, wenn er nicht der Sekundärversuchung nachgibt, einen weiteren, das Tälchen querenden Pfad zu einzuschlagen, auf den Hauptweg zurück. An der Einmündung wird der Blick in ein unbetretbares Alpentälchen gelenkt. Während die Kurve des Hauptweges mit noch stärkerem Anstieg ins Ungewisse führt, lockt links erneut ein Pfad mit dem Blumenflor des Fächerbeetes. Wer ihm folgt gelangt nach wenigen Schritten auf die Höhe des Teeplatzes, auf dem ihm die Statue der Flora buchstäblich in den Weg tritt und zum Verweilen auf der Rundbank einlädt.

Neuer Garten

Ein wesentliches Element des Landschaftsgartens in England war der Wasserspiegel eines Sees oder Flusses. Da das Inselreich mit beidem von Natur aus nicht reich gesegnet ist, gehörte es zu den Künsten der Landschaftsgärtner, beides durch Stau kleiner Bachläufe künstlich zu schaffen. Dem ersten bedeutenden, seit 1765 durch den Fürsten Franz von Anhalt-Dessau in den Elbauen bei Wörlitz angelegten Landschaftsgarten in Deutschland, waren Wasserflächen durch die Natur überreich beschieden.

Friedrich Wilhelm II., Neffe des großen Friedrich und seit 1786 sein als Staatsmann wenig glücklicher Nachfolger, stand den Neuerungen in den Künsten, so auch dem Landschaftsgarten aufgeschlossen und fördernd gegenüber. Er war als Kronprinz ein Bewunderer der Wörlitzer Anlagen und hatte ein Sommerhaus am damals noch dem Weinbau verschriebenen Westufer des Heiligen Sees gemietet. Hier ließ er in der Mitte des Westufers, ein wenig in die Seefläche vorgerückt, sein Marmorpalais von Carl von Gontard erbauen. Der palladianisch gedachte würfelförmige Schloßbau mit bekrönendem Belvedere bot weite Aussicht in die Flußlandschaft der Havel, die mit ihren von der Natur vorgegebenen malerisch geformten Ufern, den vielfältigen Hügelbildungen und Halbinseln die Möglichkeiten der Elbaue übertraf. Der Garten wurde programmatisch der Neue Garten genannt. Er wuchs sukzessive von 1787 bis 1796 durch aufeinanderfolgende Grundstückskäufe auf 74 Hektar. Der Garten umarmt gleichsam den See auf der West-, Nord- und Südseite. In den Endbereichen dieser Umfassung wurden zwei turmartige Gartenarchitekturen, im Süden die Gotische Bibliothek und im Norden der leider 1879 abgetragene Maurische Tempel errichtet. Auf der Ostseite boten die Felder und Mühlen der heutigen Berliner Vorstadt vor dem dahinter aufsteigenden Babelsberg ein erwünschtes ländliches Panorama wie in Wörlitz. Belebt wurde dieses Bild durch ein Element des Fortschritts: die von 1788 bis 1793 erbaute erste preußische Chaussee von Berlin nach Potsdam. Die nach den Plänen des aus Wörlitz berufenen Gärtners Johann August Eyserbeck angelegten dichten Gehölzpflanzungen aus einheimischen und amerikanischen Arten umgrenzten kleinteilige Gartenräume, deren Gestaltung durch die additiven Erweiterungen des Terrains mitbestimmt wurde. Die Jugend der Pflanzungen erlaubte jedoch vom Schloß einen kaum gehinderten Blick in die Weite. Fünfundzwanzig Jahre nach der Pflanzung erwies sich der Neue Garten als zu dicht, zu dunkel und engräumig. Die dagegen unternommenen Eingriffe des zuständigen Hofgärtners Morsch fanden keinen königlichen Beifall. So fiel dem in reformerischer Absicht nach Potsdam berufenen Garteningenieur Peter Joseph Lenné die Aufgabe zu, seine Fähigkeiten durch Umgestaltungsvorschläge für den Neuen Garten unter Beweis zu stellen. Sein erster 1816 in dieser Absicht entworfener Plan für den Neuen Garten ist leider nicht im Original, wohl aber reproduziert als Foto erhalten. Er ist ähnlich radikal wie sein 1816 entworfener Projektplan für Sanssouci. Im Oktober desselben Jahres bat der Intendant der königlichen Gärten, von Maltzahn, der König möge Lennés Talent an der Umgestaltung des Bereiches des Neuen Gartens erproben, der zwischen dem Hasengraben und dem Wege der am Grünen Hause durch die kleine Baumschule führt. Nach der ersten, mit der Kostenhöhe begründeten Ablehnung, wiederholte von Maltzahn seinen Antrag unter Beifügung der folgenden, wohl von Lenné selbst verfaßten Argumente:

Diese Halbinsel bildet einen sehr schönen Point de vue vom Schlosse aus, das Ufer ist gerade dort recht flach, so daß recht schöne Pflanzungen bis am Wasser gemacht werden können, die schönsten Punkte der Umgegend sind gerade von dort am besten zu sehen, so daß dieser Teil des Gartens recht mannigfaltig werden kann.[6]

Die Argumente blieben unberücksichtigt, der König zog es vor, den Bereich um das Rote Haus umgestalten zu lassen. Es ist bezeichnend für das über den gestellten Auftrag hinausgehende weiträumige Denken Lennés, daß er seine Umgestaltung im Neuen Garten gerade an der Verbindungsstelle zwischen Heiligem See und Havel und bei der Durchsicht zur Pfaueninsel beginnen wollte. Wie recht Lenné mit seinen Wünschen hatte, erlebt der Spaziergänger, der diesen später dann doch durch Lenné umgearbeiteten Parkbereich besucht. Lenné hat im wesentlichen bis 1830 den Neuen Garten mit weiten Durchsichten, namentlich zum Heiligen See, und eine darauf abgestimmte dynamische Wegeführung in seinem Geiste geprägt. Dabei sind einzelne Elemente aus der Eyserbeckschen Anlage durchaus erhalten, jedoch in neue Zusammenhänge gestellt. Bezeichnend ist die Einbeziehung der vorgefundenen Gartenarchitekturen in die neue Raumstruktur. Die bei Eyserbeck in einen abgeschlossenen Gartenraum gestellte Pyramide wird zu einem aus der Gehölzmasse hervortretenden Bildelement des Mittelgrundes einer langgestreckten Sicht. Vergleichbar verfuhr Lenné mit dem sentimentalen baulichen Erbe Friedrich Wilhelm II. auf der Pfaueninsel. Wenn man wie Friedrich Wilhelm II. im Verein mit seinen Architekten und Gärtnern den Garten so bewußt dem Wasserspiegel, dem Heiligen See zuordnet, dann ist es nur zu folgerichtig, daß die Gartenarchitekturen ihre Fassaden dem See zuwenden und in Diagonalsichten übers Wasser hin und mit dessen Spiegelung die reizvollsten Bildkompositionen schmücken. Ein Element, das Lenné aufgegriffen und noch verstärkt hat. So kommt der Panoramablick am Eingang bei der Gotischen Bibliothek einer verlockenden Visitenkarte des Gar-

[6] Gerhard Hinz, *Peter Josef Lenné,* Berlin 1937, S. 36, 37

tens gleich (siehe Abbildung Seite 107). Der am Wasser aufgereihte Fächer der Motive beginnt mit der Bibliothek gefolgt vom Holländischen Etablissement, der Tempelruine der Schloßküche. dem Marmorpalais, dem Roten Haus, dem Grünen Haus und endet heute mit dem jenseits der Havel sich erhebenden Schwarzen Berg, früher wäre als noch folgender Punkt der Maurische Tempel zu nennen gewesen. Auch vom Norbufer entfaltet sich ein solches Panorama mit Rotem Haus, Marmorpalais und der Kuppel der Nikolaikirche; die Gotische Bibliothek ist zwar sichtbar, tritt jedoch bildlich durch die bis zu ihr vorgedrungenen Stadt zurück. Die markanteste und bedeutungsvollste Sicht aus dem Neuen Garten ist die über die zwei Wasserspiegel geführte zum Schloß Pfaueninsel, die den Spaziergänger auf dem Hauptweg nördlich vom Marmorpalais wie eine Fata Morgana aus dem erwarteten Gartenraum trägt (siehe Abbildung Seite 111). Für diese Wirkung hat das in nur einem Jahr 1794 erbaute Schloß Pfaueninsel seinen Platz auf der Westspitze des bis dahin naturgeprägten Eilandes gefunden und wurde ihm der fernwirkende weiße Anstrich gegeben. Der König hatte die Insel auf Bootsfahrten, die man vom Marmorpalais durch den Hasengraben unternahm, kennen und lieben gelernt. Doch bevor wir dem Gang der Geschichte folgend zur Pfaueninsel, am besten mit dem Schiff, hinüberwechseln, ist über das Verhältnis des im Neuen Garten erbauten letzten Schlosses der Hohenzollern, Cecilienhof, zu seiner Gartenumgebung zu reden. Man hat den von 1914 bis 1918 errichteten Bau an die Stelle der nach Osten in den Parkraum hervortretenden Spitze einer von Lenné im Bereich der ehemaligen Rehbucht geformten Gehölzmasse gesetzt. So ist die erhebliche Baumasse von immerhin 175 Räumen vom Gewicht der Massen her an die exponierte Stelle einer mehr als zur Hälfte erhaltenen großen etwa dreiecksförmigen Gehölzgruppe getreten. Der Baukörper liegt dadurch wie selbstverständlich im Raumgefüge und im Wegenetz des Neuen Gartens. Besonders augenfällig ist das nach der Wiederherstellung je eines von Osten und eines von Westen heranführenden alten Lennéschen Weges. Die geschickte Gliederung des im englischen Landhausstil der Jahrhundertwende von dem Architekten Paul Schulze-Naumburg entworfenen Hauses mit seiner prägenden Dach- und Schornsteinlandschaft trägt zu der imposanten Unauffälligkeit des Hauses bei.

Pfaueninsel

Was dem Neuen Garten mangelte, alte ehrwürdige Bäume, bot der in vier Kilometer Entfernung östlich vom Marmorpalais in der Havel in der Waldeinsamkeit liegende Kaninchenwerder, der mit dem Übergang in königlichen Besitz den edleren Namen Pfaueninsel erhielt, im Übermaß. Als der König am 12. November 1793 die Inbesitznahme der Insel anordnete, verfügte er zugleich, »daß auf dem Caninchen Werder nicht das geringste an Holtz- oder Buschwerk weiter gefället werde«. Auf der Insel stand ein lichter, mehrhundertjähriger Eichenhain, dessen Einzelbäume sich im Interesse der dort zuvor durch das Amt Bornstedt betriebenen Waldweide malerisch entfaltet hatten. Eine wilde, einsame Insel! Was lag näher, als auf sie die Sehnsüchte des zuendegehenden Jahrhunderts, das mit Begeisterung die Entdeckungsfahrten zu den Südseeinseln und die Beschreibungen der dort herrschenden paradiesischen Zustände in Natur und Gesellschaft aufgenommen hatte, zu projizieren. Das im Nordturm des Pfaueninselschlosses eingerichtete Otaheitische Kabinett gibt Gewißheit, daß es so war. Das runde, als Bambushütte ausgemalte Turmzimmer zeigt zwischen den realen Fenstern gemalte Ausblicke auf die Pfaueninsel, den Neuen Garten und die umliegende Landschaft unter Palmen, belebt durch exotische Vögel, Blüten und Früchte. Geheimnisvoll schloß und schirmt auch heute noch die Insel ihr Inneres mit einem Gehölzmantel gegen die Außenwelt ab. Nur das Schloß und der 1832 erbaute Fregattenhafen setzen Zeichen für die Außenwelt. Unter der Gräfin Lichtenau, denn die Jugendgeliebte Friedrich Wilhelms II. war maßgeblich an der baulichen und wohl auch gärtnerischen Gestaltung der Insel beteiligt, wurden nur die Bereiche östlich vom Schloß und das nordöstliche Ende der Insel

bei der gotischen Meierei landschaftsgärtnerisch im Stile Eyserbecks unter Schonung und Einbeziehung der alten Eichen gefaßt. Der Kernbereich blieb, von nur wenigen Wegen durchzogen, als wilder Eichenwald unangetastet. Friedrich Wilhelm III. unterhielt auf der Insel zwischen 1806 und 1816 eine ästhetisch geprägte Musterlandwirtschaft, die die alten Eichen bewahrte und in die Felder integrierte. Von 1816 bis 1834 formte Lenné gemeinsam mit dem Hofgärtner der Insel, Joachim Anton Ferdinand Fintelmann, das Innere der Insel zu einem von der Dy-

Pfaueninsel, Stellweg Blick nach Westen. *Das Foto erfaßt die Schwingungen des Weges mit den dazwischentretenden Gehölzgruppen. Beachtenswert bei dieser Durchsicht zum Schloß und zum Havelspiegel ist die schöne wellenförmige Bodenbewegung.*

namik der Wege und Sichten geprägten neuen Inselbild um. Bezeichnenderweise werden die vielen Sichten, die in die Landschaftsräume außerhalb des Gartens führen, so angeordnet, daß die Gegensicht von außen durch deckende Gehölze verwehrt ist. Zwei große Raumachsen durchziehen die Insel in Längsrichtung und gewähren von den sie im Sechzig-Grad-Winkel kreuzenden Wegen immer neue überraschende Durch- und Aussichten.

1821 wurde bei der Anlage des Rosengartens der Mittelweg in einer kühnen Kurve über den naturgegebenen, jedoch in seiner Kontur verbesserten Hügel geführt. Die Hügelkuppe verbirgt spannungsvoll den weiteren Verlauf des Weges. An der Außenseite der Kurve jedoch gleitet der Blick von wenigen Solitärbäumen unterbrochen die große Schloßwiese entlang. Zugleich hat Lenné den Stellweg (ein Name, der sich von zeitweilig an seinem Anfang aufgestellten Kübeln herleitet) in dem natürlich bewegten Gelände so geleitet, daß er nach einem Durchblick zum Schloß bei der Rundbank am Ende der Rutschbahn in einer umpflanzten Kurve über eine Bodenwelle geführt wird. Nach Erreichen des höchsten Punktes öffnet sich der Blick zu dem in eine leichte Mulde gebetteten Rosengarten. Der inzwischen in seiner ganzen Länge von eintausendzweihundert Metern restaurierte Stellweg zeigt musterhaft für alle noch nicht restaurierten Wege, wie durch seine eleganten Schwingungen dem Gehenden sich stets wechselnde Bilder öffnen und schliessen und zugleich an geeigneten Stellen die Wellenbewegung der Erdoberfläche wie eine köstliche Bildhauerarbeit zur Geltung kommt. Kontrapunktisch sind wie Knoten im Netz der sich von den Wegen aus entfaltenden Sichten in sich ruhende Räume eingewoben. Beispiele dafür auf der Insel sind der Runde Garten, der Rosengarten oder das Fontänenrondell. Beim Fontänenrondell könnte man davon sprechen, daß sich gleichsam durch die Gravitation des hohen »Wasser-Kandelabers« (so eine zeitgenössische Bezeichnung der Fontäne wegen des weithin sichtbaren Glitzerns des herabfallenden Wassers) die heranführenden Wege einrollen und zusammenziehen. Mit Blick auf die Entwicklung der gesamten Parklandschaft hat der Schritt,

1793 vom Heiligen See her die Pfaueninsel in die Gartengestaltung einzubeziehen und Marmorpalais und Schloß Pfaueninsel
in der Flußlandschaft in bewußte optische Beziehung zueinan-
der zu setzen, den Rang einer Initialzündung, wofür Lenné später die bereits zitierten Worte fand: »Der leitende Gedanke war,
die Havel als einen See mit einem großen Park ...«. So beginnt
denn auch nicht zufällig gegenüber dem Neuen Garten 1796 die
Entwicklung eines weiteren Landschaftsgartens mit der Erwer-
bung des Landgutes Klein-Glienicke durch den Oberstallmei-
ster Karl Heinrich August Graf von Lindenau.

Glienicke

Graf Lindenau, der in Machern bei Leipzig einen bemerkenswerten, sentimentalen Landschaftsgarten geschaffen hatte, hin-
terließ nach den vierzehn Jahren des Besitzens von Glienicke

auf dem Gelände des späteren Pleasuregrounds einen regel-
mäßigen Nutzgarten mit unregelmäßigem Ziergarten. Die sehr
stark bewegte Feldflur des Gutes mit dem zur Havel abfallenden
aussichtsreichen Steilhang schmückte er im Sinne einer »orna-
mented farm« durch Alleen und umpflanzte Aussichtsplätze. Der
Staatskanzler Fürst Hardenberg, der seit 1814 Eigentümer von
Glienicke war, erteilte dem von ihm geförderten Lenné bald
nach dessen Ankunft 1816 den ersten Auftrag, Lindenaus regel-
mäßige Obstterrassen in einen Pleasureground zu verwandeln.
Lenné formte daraus ein naturhaftes Gelände mit Talbildungen,
Bodenanschwellungen und einem bemerkenswerten Hügel. Mit
diesem Hügel und dem in einer Rechtskurve auf seine Kuppe
geführten Weg wird der grandiose und überraschende Auftritt
einer vier Kilometer tiefen Sicht in die Havellandschaft bis Nedlitz inszeniert. Zu beachten ist die Verbindung der durch Pflanzung abgeschlossenen Wegekurve mit dem Hügelanstieg. Daraus
ergibt sich für den Gehenden die mit jedem Schritt sich lösende Spannung durch allmähliche Freigabe des Bildhorizonts.

Blick von der
Birkenbank im
Glienicker Park auf
Potsdam, um 1850.
Julius Hennicke, Aquarell

Nur hundert Meter ostwärts ist dieser dynamischen Bildent-
wicklung das Panorama der Stadt Potsdam mit der Kuppel der
Nikolaikirche im Zentrum vom in sich ruhenden Aussichtspunkt
des Stibadiums entgegengesetzt.

Im Mai 1824 wurde Prinz Carl Eigentümer von Glienicke. Er
war der erste der Prinzen, der in der Umgebung von Potsdam
Sommersitz und Garten erwarb. Die anderen Prinzen, mit Aus-
nahme des Prinzen Albrecht, sollten seinem Beispiel folgen und
so Lennés Tatendrang den notwendigen Stoff liefern und einen
wesentlichen Baustein zur Vollendung der Parklandschaft liefern. Der Prinz gab die Landwirtschaft und die noch arbeitende
Glienicker Ziegelei auf, und Lenné erhielt den Auftrag, das gesamte Gutsgelände in einen Park zu verwandeln. Noch im Winter 1824/25 legte er einen Gesamtplan vor, der sich im Vergleich
zur Lebhaftigkeit der Pfaueninsel durch ruhige, klassische
Strenge auszeichnet. Zwei Dinge waren grundlegend anders.
Erstmals war kein vorher schon anders gestalteter Park umzuwandeln und entsprechende Rücksicht zu nehmen. Zweitens

hatte der befreundete Architekt Karl Friedrich Schinkel zeitgleich den Auftrag, das Billardhaus zum Kasino umzuwandeln
und aus dem vorgefundenen Herrenhaus ein Schlößchen, eine
Villa im Geiste der Klassik zu formen. Auf der Baustelle des Ka-
sinos wurden nachweisbar das Zusammenspiel des Hauses und
der beiden Pergolen mit der Wegeführung, der Bodenmodellierung und der Pflanzung abgestimmt. Eine Sternstunde der Zusammenarbeit von Architekt und Landschaftsgärtner, des Zu-
sammenklanges von Architektur und Garten, die sich zwei Jahre
später in Charlottenhof wiederholen sollte. Lenné hat Glienicke
nach der klassischen, von dem englischen Landschaftsgärtner
Humphry Repton eingeführten Zonierung in Blumengarten,
Pleasureground und Park gegliedert und mit einem großen Um-
fahrungsweg ausgestattet. Bei der Gliederung der heute recht
zugewachsenen Wiesenräume des Parkes war die stark bewegte
Modellierung des Geländes maßgebend. Die Wegeführung am

Blick von der
Römischen Bank
im Park Glienicke
auf Potsdam, 1851.
Ferdinand von Arnim,
Aquarell

Steilufer zur Havel bietet eine Vielfalt an Aussichten in den
Neuen Garten, zum Pfingstberg, zur 1981 leider abgebrochenen
Villa Jacobs, nach Nedlitz mit dem Kirchberg und zur Heilandskirche in Sacrow. Die Sicht auf Potsdam aus dem Pleasureground findet ihre Steigerung im Blick von der Römischen
Bank im Park, der sich heute allerdings durch den Zuwachs im
Gehölz auf die Sicht zum Stellvertreter des Turmes der Heili-
gengeistkirche beschränkt. Der beim Bau der Bastion 1934 zer-
störte Weg unterhalb der Höhe südlich des Jägerhofes zeigte
nicht nur diesen mit der dahinter liegenden Havel und der Heilandskirche, sondern auch eine Durchsicht zum Schloß Pfaueninsel. Mit der Wiederherstellung der Lennéschen Wege im Park
werden, so bleibt zu hoffen, auch diese den Reiz des majestäti-
schen Baumbestandes erhöhenden Sichtbeziehungen wieder-
kehren. Mit dem Bau des Wasserturms im Normannischen Stil
durch Ludwig Persius 1837 wurde dem Gartenfünfeck an den

Ufern des Jungfernsees ein weiterer Blickpunkt gegeben. Mit dem seit 1838 verfügbaren fließenden Wasser begann für den Prinzen eine eigenständige, sich von Lenné lösende Gestaltungsphase, das Einfügen hochromantischer Felsschluchten in entsprechend vertiefte Erosionsschluchten am Havelufer. Der Prinz entwickelte eine bewunderungswürdige Meisterschaft im naturhaften Arrangieren von Granitfindlingen und glaubhafter künstlicher Felsgestaltung. Die unversehrt erhaltenen Resultate sind unvergleichbar und einmalig in der Potsdamer Parklandschaft. Den Wünschen des Prinzen Carl, aber auch den eigenen Intentionen folgend, hatte Lenné 1830 und 1831 große Erweiterungspläne zu Lasten des östlich anschließenden Kiefernforstes für den Glienicker Park ausgearbeitet. Der König verweigerte seine Zustimmung. Erst nach der Thronbesteigung des Bruders bescherte ihm das Weihnachtsfest 1840 eine Parkerweiterung, die die bisherige Fläche verdoppelte. Der seit 1804 zum Besitztum gehörende Böttcherberg wurde im Verlaufe der nun wiederauflebenden Pflanz- und Wegebauarbeiten in die Parkgestaltung einbezogen und nach Lennés Entwurf bearbeitet. Durch weitere Zukäufe erreichte der Glienicker Park 1858 eine Fläche von etwas mehr als einhundert Hektar. Diesen Endzustand ließ der Prinz 1862 auf einer mehrfarbigen lithografischen Karte darstellen.

Doch kehren wir für die chronologisch richtige Fortsetzung unseres Streifzuges durch die Parklandschaft zu den Anfängen zurück. Zwei Jahre nach Beginn der Arbeiten in Glienicke kam auf den Gartendirektor eine weitere ganz anders geartete Aufgabe zu. Als im Dezember 1825 das tischebene, teilweise sumpfige Wiesen- und Ackerland des Gutes Charlottenhof südlich des Rehgartens in Sanssouci zum Verkauf stand, plädierte Lenné für dessen Erwerb, um unliebsame Veränderungen in der direkten Nachbarschaft von Sanssouci zu verhindern und um dem Kronprinzen Friedrich Wilhelm wie dessen Bruder Carl einen eigenen Sommersitz zu verschaffen.

Auf dem Weihnachtstisch des Jahres 1825 fand der Kronprinz die durch einen gärtnerischen Entwurfsplan Lennés ergänzte Schenkungsurkunde für Charlottenhof. War in Glienicke ein von Natur aus höhenmäßig stark gegliedertes Gelände mit weiten Sichtverbindungen in die Landschaft und zur Stadt Potsdam zu bearbeiten, so bot Charlottenhof ein tischebenes, von Natur reizloses Gelände ohne stimulierende Fernsichten, wohl aber die direkte Nachbarschaft zum Rehgarten von Sanssouci. Hier mußten die Anmut von Bodenmodellierung und Wasserfläche erst künstlich geschaffen werden, und von einer gelungenen Gehölzgruppierung hing die Vielfalt und Wirkung der Gartenräume ab. Schinkel war zugleich beauftragt, das vorgefundene Gutshaus für den Kronprinzen in eine römische Villa umzuwandeln und an anderer Stelle ein Domizil für den Gärtner zu erbauen. Schinkels Beschäftigung mit römischer Villenarchitektur nach den Beschreibungen des jüngeren Plinius schlossen natürlich auch die umgebenden geometrischen Gartenanlagen ein. Die lebhafte Anteilnahme des Kronprinzen an diesem Gegenstand führten zu dessen Wunsch, diese Idealwelt in Charlottenhof Gestalt werden zu lassen. Die enge Zusammenarbeit zwischen Lenné und Schinkel in Charlottenhof brachten dem Landschaftsgärtner die Ideen des Architekten zum römischen Garten nahe. In einem fachlichen Dialog öffnete sich dieser der ihm neuen Vorstellungswelt, auf die er jedoch durch die bei Durand 1811 in Paris gehörten Vorlesungen vorbereitet war. Der englische Landschaftsgarten hatte sich in seiner Genese an den Bildern italienischer nachantiker Hirtenlandschaften der Maler Claude Lorrain und Nicolas Poussin inspiriert. Es ist kulturgeschichtlich faszinierend zu sehen, wie es nun im reifen Landschaftsgarten in einer zweiten Renaissance zu einer Wiedergeburt der antiken Villa mit ihrem Garten kommt. 1839 ließ Lenné die in vierzehn Jahren entstandene Anlage in einer von seinem Mitarbeiter Gerhard Koeber geschaffenen farbigen Lithografie veröffentlichen. Im Süden haben Architekt und Gärtner, ausgehend von dem ursprünglich nord-süd

gerichteten Gutshaus eine ost-west gerichtete geometrisch angelegte Architektur- und Gartenachse entwickelt. Mit dem Erd-
aushub des malerisch konturierten Maschinenteiches wurde die
nördlich davon sich ausbreitende Ebene mit acht Bodenerhe-
bungen geschmückt und mit Gehölzgruppen weiträumig gestal-
tet. Anders als beim Marlygarten greifen hier die neuen Raum-
strukturen in den Bereich des alten Rehgartens über und
verschmelzen über die Grenze, des heute nicht mehr vorhandenen Palaisgrabens hinweg, beide Parkanlagen. Sogleich auf
den ersten Planentwürfen von 1825 ist ein dann nicht verwirk-
lichter Gedanke festgehalten, in der Diagonalsicht zum Neuen
Palais diesem einen großen See als Spiegel vorzulegen. Die
dafür nach der Thronbesteigung Friedrich Wilhelm IV. 1841 be-
reitgestellten Mittel flossen jedoch in ein neues königliches,
nicht weniger großartiges Projekt, das der Gestaltung des Ruinenberges. Die architektonisch-gärtnerische Achse beginnt am
Maschinenteich mit dem leider 1923 abgetragenen, als Aussichtspunkt eingerichteten Dampfmaschinenhaus und läuft über
den Rosengarten, die Terrasse, das Schloß, den Dunklen Hain
aus 192 Kastanien, den heute verschütteten Teich zum im
Gehölz verborgenen Hippodrom. Nicht nur griechisch-römi-
sche Vorbilder erfahren in dieser Achse eine Wiedergeburt, sie
ist zugleich mit den von Ost nach West geführten Aussichten
zur Gärtnerwohnung, zum Weinberg und zur Kuppel des Neu-
en Palais ein Gleichnis der Menschheitsgeschichte und des individuellen menschlichen Lebens. Über die gegen den Rehgarten im Norden liegende weite Ebene des Parkes hat Lenné
dichte oder hainartige Gehölzgruppen inselartig so verteilt, daß
von den in weiten Bögen geführten Wegen dem Gehenden sich
ineinander übergehende Räume und Durchsichten öffnen und
schließen. Kaum hat ein durch die bewegte Wipfellinie der um-
grenzenden Baumgruppen charakterisierter Wiesenraum sich
entfaltet, deutet sich schon die Ahnung des nächsten an. Die
strenge Geometrie der architektonisch-gärtnerischen Achse
bleibt durch vorgepflanzte Buschgruppen unsichtbar und bietet
diagonalsichtig nur malerische Teilansichten einzelner Architekturen. Um so kräftiger und überraschender ist die Wirkung der

Geometrie von Architektur und Garten, wenn man in das Feld ihrer Kraftlinien eintritt.

Der Park von Charlottenhof ist in jeder Bodenerhebung, jeder Wegekrümmung, jeder Busch- und Baumgruppe eine feinabgestimmte symbolträchtige Komposition, die hier darzulegen und zu erläutern den Rahmen sprengen würde. Viele Bezüge sind auch durch Verwilderung, Beseitigung und Veränderung unlesbar geworden. Ein Begriff von der Gestaltungsweise sei jedoch an der Beschreibung des Zusammenspiels von künstlicher Bodenerhebung, Wege- und Blickführung gegeben. Wenden wir uns dem östlichen Ast des Drive, des breiten Vorfahrtweges, zu. Aus einer Kurve gleich nach dem Eintritt dieses Weges in den Park Charlottenhof zeigt sich von Gehölzgruppen gerahmt sein Ziel, das Schloß Charlottenhof, in Diagonalsicht. Ein Linksschwenk des Weges, der auf einen allmählich ansteigenden Hügel hinaufsteigt, läßt das Bild verschwinden. Der Plan zeigt, daß das nächste Ziel die noch verborgene Gärtnerwohnung, der geschmückte Wirtschaftshof, genannt »die Römischen Bäder« ist. Verborgen ist diese Gärtnerwohnung hinter einem nach Süden sanft ansteigenden künstlich-künstlerisch geformten und bepflanzten Hügel. Der sanfte Anstieg und der eingeschränkte Blick erzeugen in dem den Hügel Hinaufschreitenden oder –fahrenden das Gefühl der Erwartung, der sich vorbereitenden Überraschung. Überstreift sein Blick den höchsten Punkt, so werden Teile der malerisch komponierten Baugruppe sichtbar, die sich nun bei einem im Vergleich kurzen und steileren Herabgehen in überraschender Fülle zeigen.

Setzt man nach einem Aufenthalt in den Römischen Bädern, denen seit langem das ursprünglich westlich vorgelagerte italienische Kulturstück fehlt, den Weg fort, so präsentiert sich auf der rechten Seite vor einer locker umpflanzten stärkeren Kurve erneut das eigentliche Ziel, das Schloß Charlottenhof. Diese Wegekurve geht erneut mit einem Anschwellen des Bodens einher, das jedoch im Vergleich zum ersten deutlich zurückhaltender ist und wie eine achtunggebietende Ankündigung wirkt. Pflanzung und Blickführung lassen dieses Motiv erneut solange verschwinden, bis die Bewegung durch das der Terrasse vorgelagerte Halbrund gebremst wird und das Auge in Schrägsicht Terrasse und Bauwerk erfaßt.

Mit der Thronbesteigung durch den bisherigen Kronprinzen 1840 war die Entwicklung des eigentlichen Parkes Charlottenhof beendet. Westlich vom Hippodrom gestaltete Lenné das zur Anlage der vom Berliner Tiergarten hierher verlegten Fasanerie erworbene Gelände 1841 bis 1842 parkartig. Nach den Plänen des Schinkelschülers Ludwig Persius entstand 1842 bis 1844 die malerische Baugruppe der Fasanerie. Der Hippodrom wurde zum Nachteil für Charlottenhof in das Fasaneriegelände mit einbezogen. Wie schon erwähnt, wurde das bereitstehende Geld zur Ausgrabung des Seespiegels beim Neuen Palais laut Kabinettsorder vom 20. Oktober 1841 »zu den Anlagen des Ruinenbergs und der denselben umgebenden Felder von Bornstedt verwendet.«

Hatte der Kronprinz mit Charlottenhof eine bedeutende Ausweitung Sanssoucis nach Süden vollzogen, so fügte der König dem Ensemble nun im Norden einen die Verbindung zur Feldflur vermittelnden landschaftlichen Bergpark hinzu.

Ruinenberg und Feldflur

Bis zum Jahre 1841 breitete sich unmittelbar nördlich des Schlosses Sanssouci die kärglich-staubige Feldflur des Gutes Bornstedt aus. Einziger Schmuck waren die römisch anmutenden Ruinen um das trockene Wasserreservoir auf der Kuppe des Ruinenberges. Um über die landwirtschaftlich genutzten Flächen wie erforderlich verfügen zu können, wurde auf Anraten Lennés schon 1841 das Gut Bornstedt, das Friedrich Wilhelm I. dem Militärwaisenhaus überschrieben hatte, zurückerworben. Lenné verlegte die bestehende, geradlinig über den Hang des Ruinenberges gezogene Landstraße nach Bornstedt und Bornim. In kühnem Schwung folgt sie nun dem Ufer des Bornstedter Sees. Aus ihren Kurven eröffnet der zurücktretende Gehölzstreifen reizvolle Durchsichten zum Dorf Bornstedt und auf das Schloß Sanssouci. Ein aus Panoramawegen und

Serpentinen komponiertes Wegenetz macht den Ruinenberg
zum Vermittler zwischen Sanssouci, der 1846 bis 1848 im italie-
nischen Landhaus- und Villenstil nach einem Brand prospekt-
artig wiederaufgebauten Krongutsanlage mit der 1855 als Basilika mit freistehendem Kampanile vollendeten Bornstedter
Dorfkirche und der Feldflur im Norden und Osten des Ruinenberges. Die Felder am Hang werden durch Heckenpflanzungen
und Triftzüge in rundumgrenzte Koppeln gegliedert. Die Feld-
und Verbindungswege werden beidseitig von einem maleri-
schen Gehölzstreifen wechselnder Breite begleitet. Der Voltaire-
weg stellt mit diesem noch erhaltenen Gehölzband auch heute
noch die ästhetische Verbindung zwischen Sanssouci und der
Kolonie Alexandrowska her, wenn auch hier die Felder Kaser-
nenbauten des ausgehenden 19. Jahrhunderts gewichen sind.

Die 1985 begonnenen und bis zur Bundesgartenschau im Jahre 2001 in Wesentlichen abzuschließenden Wiederherstellungs-
arbeiten am Wegenetz und an der Gehölzgruppierung des nach

1945 als Parkanlage aufgegebenen Ruinenberges zeigt denen, die diesen Prozeß miterleben, wie das zuvor ausdruckslose Gelände durch die Lennésche Wegeführung wieder lebhafte Schwingungen erfährt und der Berg durch die Sichten mit der umgebenden Parklandschaft seine verstummten sinnvermittelnden Dialoge wieder zu führen beginnt. An der Bornstedter Straße signalisiert ein antiker Dreifuß auf hoher Säule den Anfang eines bequemen Aufstiegsweges. Die Römische Rundbank hat seit 1998 wieder auf ihrem alten Fundament am Panoramaweg ihren Platz gefunden und verknüpft so den Berghain über die Felder hinweg mit der sich italienisch präsentierenden Silhouette des Gutsdorfes Bornstedt. Waren die künstlichen Ruinen für ihren Bauherrn ein vom Schloßhof her zu betrachtender ferner Prospekt, so erfuhren sie bei der landschaftsgärtnerischen Erschließung des Berges durch Lenné eine zusätzliche, ganz neue Interpretation. Der etwa fünfzig Meter hinter der Römischen Rundbank zu den Ruinen hinaufführende Serpentinenweg erfaßt, auf der Höhe angekommen, den Rundtempel und

Blick über den Bornstedter See zur Nordseite der Orangerie, 1858 *Julius Schlegel, Bleistiftzeichnung*

| 52

Rom, Villa Medici
vom Garten der Villa
Borghese gesehen,
1849.
Julius Schlegel,
Bleistiftzeichnung

die drei aufrechten Säulen in schräger Steilsicht nach oben. An diesem Punkt angekommen, wurde der Klang des hier entspringenden künstlichen Bachlaufes hörbar. Durch das auf dem bisherigen Weg Gesehene italienisch eingestimmt, wird sich der Gedanke an den Sibyllentempel von Tivoli und die dortigen Wasserfälle einstellen. In der Tiefe liegt, wie die Hadriansvilla, Sanssouci. Es ist wahr, daß der verwirklichte kleine Bachlauf nur ein bescheidener Nachklang der von Lenné und seinem König ursprünglich hier geplanten Kaskade ist. Geht man den Serpentinenweg in umgekehrter Richtung bergab, so öffnen sich aus den Wegekurven heraus gerahmt durch die Bäume nacheinander die Sichten auf den Kampanile der Dorfkirche, die Kuppel des Belvedere auf dem Klausberg und die Türme der Orangerie. Die unter den Bäumen hindurchgeführten und somit gerahmten Durchblicke waren charakteristisch für den Ruinenberg, der nur nach Süden zum Schloß Sanssouci eine freie Aussicht hat. Auf Wunsch des Königs hatte der Berg eine geschlossene Bedeckung mit großen Bäumen erhalten, damit die Höhenwirkung des Ber-

Blick von der Exedra
auf dem Ruinenberg
nach Bornstedt,
um 1852.
Carl Graeb, Aquarell

ges sich dadurch steigere. Um zusätzlich zu den aus dem Baum-
bestand heraustretenden, von den Zeitgenossen als unver-
gleichlich schön beschriebenen Durchsichten einen Rundblick
zu gewinnen, wurde 1845 an die friderizianische Kolosseums-
wand ein Aussichtsturm im normannischen Stil nach dem Entwurf des Architekten Ferdinand von Arnim angefügt. Von seiner
Höhe geht der Blick auch nach Westen und Norden auf die
Bornstedt-Bornim-Nedlitzer Feldflur, die wir heute kurz die
Lennésche Feldflur nennen. Wie wir aus der Beschäftigung mit
der Schrift »Über Feld- und Triftpflanzungen« wissen, galt
Lennés besonderes Interesse der Vereinigung von ökonomischen, ästhetischen und nach heutigem Sprachgebrauch ökolo-
gischen Belangen in der Landwirtschaft. Darüber wird zwischen
dem Kronprinzen und ihm in Hinblick auf die Potsdamer Ver-
hältnisse ein reger Gedankenaustausch stattgefunden haben.
Mit der Thronbesteigung des ersteren stand darum »die Aufschmückung der Insel Potsdam« auf der Tagesordnung. Vorbe-
dingung für eine Neuordnung der Feldflur war eine Separation,
das heißt die Aufteilung und Privatisierung der in Gemeinbesitz

Bornstedter See mit
Kirche und Krongut,
1857.
*Julius Schlegel,
Bleistiftzeichnung
und Tusche*

befindlichen Flächen. 1848 war die Neuordnung und Verschö-
nerung der Domäne Bornim nach Lennés Vorschlägen abgeschlossen. Der Gutshof war aus dem Dorf ausgelagert und nach
Plänen von Ludwig Persius auf einem sanften Hügel in beherr-
schender Lage nahe dem Fahrlander See neu erbaut worden.
Lenné umgab ihn mit regelmäßig gepflanzten Maulbeer- und
Obstplantagen und führte von Bornstedt in wundervollem
Schwung eine Lindenallee heran und hindurch. Der Bogen dieser Allee nimmt Bezug auf die natürliche Modellierung des Bodens und lenkt aus der Linkskurve den Blick vom Nedlitzer
Kirchberg zum weitgedehnten Wasserspiegel des Fahrlander
Sees. Weitere Laubholz-Alleen, darunter viele mit Obstgehölzen
beleben die Ackerflur. Zwischen ihnen laufen in Nordsüdrich-
tung parallele Heckenbänder. Gegen hier nicht zu schildernde
Widerstände war ein einmaliges ackerbauliches Arkadien entstanden, an dessen Rand in unserem Jahrhundert Karl Förster
seine weltbekannten Staudenkulturen begründete. Rationalisie-
rungsbestrebungen haben nach 1945 fast alle Heckenpflanzungen und viele Alleen vernichtet. Durch rücksichtslose Bewirt-

schaftung erlitten die überlebenden Alleen große Schäden. Siedlungsdruck, der schon die Ränder zerfressen hat, drohte das Ganze zu vernichten. Daß die Stadt Potsdam hier Einhalt geboten hat und inzwischen mit den Mitteln des Landwirtschaftsministeriums die Lennésche Feldflur mit den Methoden einer sich am kulturgeschichtlichen Wert des Objektes orientierenden Flurbereinigung restauriert wird, ist eine glückliche Entwicklung für Potsdam und seine Kulturlandschaft. Die großartige Lindenallee ist schon saniert und durch Nachpflanzungen ergänzt. Die Bilderwelt dieses agrarischen Sanssouci ist die zeitlos gültige Ergänzung zur Kunst der Gärten. Der Kenner wird zukünftig vom Ruinenberg durch den Park der Bundesgartenschau den Weg in die geschmückte, von Hecken umfriedete Feldflur finden.

Babelsberg

August Kopisch berichtet, daß am Geburtstag des Königs in Glienicke am 3. August 1828 Lenné auf den gegenüberliegenden wüsten Babelsberg gewiesen hat als den idealen Ort zur Anlage einer Sommerresidenz für den Bruder des Hausherrn, den Prinzen Wilhelm, den späteren Kaiser. Falls Kopischs Angabe auf einer Aussage Lennés beruht, so hat der Gartendirektor Anlaß und Datum nicht richtig in der Erinnerung behalten. Fast zwei Jahre früher bemühte sich Prinz Carl im Verein mit Lenné und mit Kenntnis des Prinzen Wilhelm, der schon seit 1825 an dem Erwerb des Babelsberges interessiert war, darum, daß man diesen dem Prinzen zum Geburtstag am 22. März schenken möge.[7] Die Höhen des Babelsberges sind viel stärker als das Steilufer des benachbarten Glienicke für Sichten nach der Stadt Potsdam geeignet. Die Blickpunkte reichen vom Glienicker Telegrafenberg über Schloß Glienicke, die Glienicker Brücke, die Römerschanze zum Pfingstberg und Marmorpalais, umschliessen die gesamte Stadtsilhouette von Potsdam, gehen bis hin zum Neuen Palais, erfassen das Haveltal bis zu den Schäfereibergen bei Geltow, den Brauhausberg, die Ravensberge und die waldige Ebene in Richtung Jagdschloß Stern. Es dauerte aller-

7 Michael Seiler, *Die Entwicklungsgeschichte des Landschaftsgartens Klein-Glienicke 1796-1883*, Dissertation, Hamburg 1986, S. 165

Blick von der
Schloßhöhe zum
Schloß Babelsberg,
um 1850.
Chromolithographie,
nach einem Aquarell
von Carl Graeb

dings noch bis zum 7. September 1833, bis sich der sparsame
Friedrich Wilhelm III. entschließen konnte, seinem zweitältesten
Sohn dieses im doppelten Sinne aussichtsreich zu nennende
Gelände zu überlassen. Wie in Glienicke und Charlottenhof
wurde Schinkel mit dem Schloßbau beauftragt. Auf Wunsch der
Prinzessin Augusta wurde es in einer an englischen Vorbildern
orientierten Gotik erbaut. Diese Stilrichtung hat in einer im Einzelnen nur schwer beschreibbaren Weise die Atmosphäre des
Parkes bis zum Buschwerk und zur Blume geprägt. Lenné ver-
suchte unter Ausschöpfung aller Möglichkeiten, jedoch sehr ein-
geschränkt durch die begrenzten Mittel des Prinzen, seiner Vision Gestalt zu geben. In einem von seinem Mitarbeiter Gerhard
Koeber gezeichneten Arbeitsplan aus dem Jahre 1835 hat Lenné
eine Fülle von Sichtbeziehungen aus den Wegekurven oder von
Standpunkten verzeichnen lassen. Doch der Gehölzwuchs konnte sich bei den zu geringen Mitteln und einer fehlenden künstlichen Bewässerung auf den sandigen Höhen nicht wunsch-

gemäß entwickeln. Mit der Thronbesteigung des kinderlosen Friedrich Wilhelm IV. rückte Prinz Wilhelm zum Thronfolger auf. Damit standen ihm reichere Mittel zur Verfügung. Fürst Hermann von Pückler-Muskau, der seit Weimarer Tagen mit der Gemahlin des Prinzen bekannt war, übernahm 1842 die gartenkünstlerische Leitung des Parkes Babelsberg. Er unterzog das bisher von Lenné Geleistete einer beißenden Kritik, wie es bei konkurrierenden Künstlern nicht ungewöhnlich ist. Das für Babelsberg so notwendige netzende, springende, fließende Wasser mußte auf die Höhen gebracht werden. Dazu entstand am Havelufer nach Persius' Entwurf das Dampfmaschinenhaus, das im Jahre 1845 den Sprung der Fontänen in Babelsberg ermöglichte. Die nun reichlich bewässerten Pflanzungen konnten sich üppig entwickeln. Die zur Havel herabführenden künstlichen Bachläufe sind jedoch deutlich zierlicher als in Glienicke, zu dessen Schluchten der Babelsberg auch die Voraussetzungen nicht besitzt. Wie eine Paraphrase auf die große Fontäne im Parterre unterhalb der Terrassen von Sanssouci wirkt der aus den Fluten der Havel sein Wasser vierzigeinhalb Meter hoch schleudernde Geysir am Fuße des in sanften Wellen vom Schloß Babelsberg zur Havel herabfallenden Bowlinggreen. Pückler hat auf dem Lennéschen Wegenetz aufbauend dieses nur an wenigen Stellen verändert, es jedoch durch viele Parkräume und Sichten erschließende verbindende Wege ergänzt. Der Parkleiter von Babelsberg, Herr Eisbein, hat bei der minutiös betriebenen Wiederherstellung in den durch die Grenzanlagen zerstörten Bereichen eine subtile Korrespondenz zwischen den Raumlinien der Pücklerschen Wege und den Uferlinien oder den Grenzlinien der Bodenmodellierung festgestellt. Für den nicht gründlich mit ihm Vertrauten ist der Park Babelsberg mit seinen auf unterschiedlichen Ebenen geführten Wegen mit ihren unmerklichen Richtungsänderungen und den sich überlagernden und kreuzenden Sichten voller verwirrender Überraschungen. Es ist im Rahmen dieses Überblicks unmöglich, auf Einzelheiten in dem so komlexen Kunstwerk Babelsberg einzugehen. Wie empfindlich ein so von Aussichten bestimmter Garten auf Eingriffe reagiert, macht die Wirkung der rücksichtslo-

Park Babelsberg,
Kanonenberg-
serpentine.
*Fürst Pückler hat diesen
Fahrweg den Hang hinab
zum Havelufer in einem
spannungsreichen Wech-
selspiel zwischen den
Wegekurven und den
Linien der Bodenmodel-
lierung geführt.*

sen Bebauung des Glienicker Horns auf die Bilder des Babelsberger Uferweges schmerzlich bewußt. Einer markanten Land-
marke in diesem Sichtengeflecht sei jedoch noch gedacht, des
Flatowturmes auf dem südwestlichen Sporn des Berges. Er
nimmt seit 1853 die Stelle der 1848 abgebrannten Babelsberg-
Mühle, einer Holländermühle, ein, die schon im 18. Jahrhundert
vom Neuen Garten her ein beachteter Blickpunkt und zugleich
ein beliebter Aussichtspunkt war. Zwar wurde die Mühle nach
dem Erwerb des Grundstücks eine Zierde des Parkes, doch der

hohe, das Eschenheimer Tor in Frankfurt am Main zitierende Flatowturm ist der Babelberger Atmosphäre viel gemäßer, erhebt sich trotzend gegen die Turmsilhouette der Stadt. Er bietet eine grandiose, nur von der des Pfingstbergbelvederes übertroffene Rundsicht und scheint ein Erstling in der Entwicklung der Denkmalaussichtstürme des ausgehenden 19. Jahrhunderts zu sein. Nicht nur die ebenfalls im gotischen oder im normannischen Stil errichteten Pförtnerhäuser und die später hinzutretenden Denkmalbauten wie Gerichtslaube und Siegessäule und die präzise durch Kantensteine geführten Wege tragen dazu bei, daß in der Luft und im Laubwerk von Babelsberg ein Hauch von militärischer Herbheit gepaart mit bis zur Skurrilität gehenden Extravaganz zu spüren ist.

Daß die in der Potsdamer Parklandschaft allgegenwärtige Hand Lennés in Babelsberg eine Korrektur und Ergänzung durch den Fürsten Pückler erfuhr, hat zu einer außerordentlichen Bereicherung des Ganzen geführt.

Sacrow

Auf der Nordseite des Jungfernsees wölbt sich hinter einer seit dem Mittelalter als Flußübergang benutzten Fährstelle das stille Sacrow in die Wasserfläche vor. Seit dem Entstehen der königlichen und prinzlichen Gärten rund um den Jungfernsee, Neuer Garten, Pfaueninsel, Glienicke und Babelsberg, harrte es des Tages, in diesen Kranz aufgenommen zu werden. Unübersehbar schiebt es sich an die erste große Wasser-Gartenachse: Neuer Garten/Pfaueninsel heran. Noch vor der Entstehung der königlichen Gärten am Ufer des Jungfernsees gab es am Sacrower Ufer bereits einen kleinen Landschaftsgarten, den der schwedische Graf Johann Ludwig von Hordt 1773 mit der Erbauung des heute noch vorhandenen Herrenhauses anlegen ließ. Dieses Herrenhaus wurde nicht, wie beabsichtigt, zu einem Schloß umgebaut und ist bis heute als Schloß-Stellvertreter erhalten. Auch die meisten Wege und ein Teil der Bäume der Hordtschen Anlage integrierte Lenné später in seinen Garten.

Sehr frühzeitig hat er den Wert dieses exponierten Geländes für
die Parklandschaft erkannt. Als das Gut 1828 zum Verkauf stand,
trat der sonst so sparsame Friedrich Wilhelm III. in Kaufver-
handlungen ein, um dieses seiner geliebten Pfaueninsel ge-
genüberliegende Gelände zu erwerben. Das Vorhaben scheiter-
te dann doch an den zu hohen Preisen. Auf die Suggestivkraft
seiner Vision vertrauend, zeichnete Lenné 1833 in seinem
berühmten Verschönerungs-Plan der Umgebung von Potsdam
auf dem Sacrower Territorium einen Landschaftsgarten. Die
Fläche dieser Vision war bezeichnenderweise fünf mal so groß
wie der tatsächlich gewordene Garten. Dieser Entwurf umfaßte
die der Pfaueninsel vis à vis liegende Halbinsel Meedehorn
ebenso wie er die Ufer des Sacrower Sees mit denen der Havel
durch Parkwiesen und Wege verband. Wieder war es das Jahr
1840, die Thronbesteigung Friedrich Wilhelms IV., die Lenné
endlich erlaubte, mit der Anlage des letzten großen Gartens in
der Potsdamer Parklandschaft zu beginnen, der wie ein Schluß-
stein den Ring der somit fünf großen Gärten um den Jungfernsee schließt. Charakteristisch für die Position und Bedeutung

Sacrows als Ausgang von Durchsichten ist der vom Herrenhaus ausgehende Sichtenfächer, der nach der Garnisonkirche, nach der Babelsberg-Mühle, nach dem Glienicker Pavillon und nach dem Glienicker Jägerhof weist. Noch im Winter 1840 beauftragt der König den Architekten Ludwig Persius mit Baugrunduntersuchungen für die Heilandskirche am Port, die, 1844 geweiht, zum Wahrzeichen für Sacrow wird. Sie verklammert die Wasserlandschaft mit dem Park und ist Kirchenschiff im doppelten Sinne des Wortes. Der Sakralbau als Landschaftselement – ein Thema der romantischen Malerei – wurde hier zur Wirklichkeit, und zwar in zweierlei Gestalt. In Sichtweite der Heilandskirche war drei Jahre vor ihrer Grundsteinlegung auf der steilen Höhe von Nikolskoe, der Pfaueninsel gegenüber, in der Waldeinsamkeit die Kirche St. Peter und Paul geweiht worden. Zwei Gotteshäuser in der Landschaft, Teil der Landschaft aus romantischem Geist an Extrempunkten der Landschaft angesiedelt, wenn man diese bei der Sanftheit der hiesigen Gegend so bezeichnen darf.

Sieht man von dem, was die Schiffsfahrt bietet, ab, so geht vom Königsweg her an der Uferkrümmung des Appelhorn die schönste Sicht zur Heilandskirche. Es sollte der Morgen eines sonnigen Tages sein. Im Morgenlicht liegen dann am grünen Ufer die Kirche und jenseits des Jungfernsees die Meierei im Neuen Garten und die dortige Grotte und auf der Höhe der Turm der Villa Henkel und die Doppelturmfassade des Belvedere auf dem Pfingstberg. Der Königsweg führt von der Pfaueninsel unterhalb des Steilufers zur Bucht von Moorlake und weiter bis zur Glienicker Brücke.

Doch wir sollten jetzt im Sacrower Park an Land gehen. Am angemessensten erreicht man Sacrow mit dem Schiff oder der Fähre. Direkt hinter dem Schiffsanleger ist ein Eingang zum Sacrower Park, an dem der von Lenné als Blickweiser durch die Parklandschaft konzipierte Uferweg beginnt. Gleich hinter dem Tor ist der Weg über einen kleinen Hügel geführt. Der ufernahe Wiesenraum mit dem weit schwingenden Weg öffnet sich erst, nachdem man die geringe Erhebung, die zuvor die Aussicht verdeckte, erklommen hat. Der Blick wird nach Babelsberg

und an dem Kirchenschiff vorbei auf die Silhouette der Stadt
Potsdam geführt. Die Kirche mit ihrem Vorplatz ist als Halte-,
Ruhe- und Aussichtspunkt in die Dynamik des Weges einge-
spannt. Im weiteren Verlauf des Weges treten der Neue Garten
und der Pfingstberg ins Blickfeld. In umgekehrter Richtung
durchwandert, entrollt sich vom Uferweg das Babelsberg-Glie-
nicker Panorama vom Flatowturm, über Schloß Babelsberg,
Große Neugierde, Kasino, Wasserturm, Teufelsbrücke und Jä-
gerhof. Allerdings sind dafür wegen des Sonnenstandes die
Nachmittagsstunden empfehlenswert. In ein musikalisches
Gleichnis gefaßt, könnte man sagen, daß vom Sacrower
Schlößchen das Thema dieses Gartens, die Sichten über das
Wasser hin auf die Parklandschaft in einer Art Ouvertüre knapp
vorgestellt wird, während dann der Uferweg dieses Thema wie
eine Melodie ausspielt. Die Wiederherstellung der vom
Schlößchen zum Ufer führenden Wege hat die eigentlich nicht

überraschende Erkenntnis gebracht, daß durch sie die äußerst reizvollen Bodenmodellierungen des dem Anschein nach flachen Sacrower Parkgeländes betont und bewußt gemacht werden. Ins Blickfeld dieser Wege treten überraschend sowohl der Kampanile der Kirche wie auch Ziele am jenseitigen Ufer des Jungfernsees.

Pfingstberg

Friedrich Wilhelms IV. architektonische Phantasien waren stets als Teil einer Landschaft geträumt. Aus dieser Haltung heraus lag es nahe, den im Schwerpunkt der Gärten gelegenen Pfingstberg mit einem Bauwerk zu krönen, dessen einziger Zweck darin liegt, der Aussicht in die Landschaft und der Ansicht aus der Landschaft zu dienen, gleichsam die sich vollendende Parklandschaft zu feiern. Nach der Idee des Königs sollte dieses Belvedere Motive zweier italienischer Renaissancevillen in sich vereinigen, die sich durch ihre landschaftsbeherrschende Gestalt auszeichnen. Es handelt sich um das Belvedere der Villa d' Este und um das Kasino und die Terrassenanlagen der Villa Caprarola. Die Verdoppelung der Belvederetürme ist wie bei dem fast zeitgleichen Orangeriebau eine Reminiszenz an die Villa Medici in Rom. Von 1849 bis 1852 wurde an der Doppelturmanlage mit den hohen Galerieflügeln gebaut. Sie umschließen ein Quadrat, aus dessen Tiefe das Wasserreservoir für den Neuen Garten heraufdunkelt. Der Torso gebliebene Bau wurde 1860 bis 1863 unter Verzicht auf die geplanten, das Wasserbecken überdeckenden »Hängenden Gärten« und den Kasinobau mit einer dreibogigen Pfeilerhalle abgeschlossen. Lenné fiel 1862 die Aufgabe zu, die unvollendet gebliebenen Architekturträume in eine Parkanlage zu betten und sie unter Einfügung eines schon früher gestalteten Parkbereichs (des sogenannten Mirbachwäldchens) mit dem Neuen Garten zu verbinden. Die Verknüpfung der für eine zweite Gartenebene geplanten, jedoch funktionslos gebliebenen Stützmauer durch die grüne Architektur eines Laubenganges mit dem Pomonatempel verleiht dem

Das Belvedere
auf dem Pfingstberg,
1849.
Carl Graeb, Aquarell

Ganzen den Charakter des historisch Gewachsenen. Der Pomonatempel, das im Jahre 1800 errichtete früheste Bauzeugnis
Schinkels, war nur durch das Scheitern der Gesamtplanung vor
dem dann notwendigen Abriß verschont worden. Von den Gar-
tenwegen auf der Höhe des Pfingstberges eröffnen sich großartige Fernsichten zur Pfaueninsel, nach Glienicke, nach Babelsberg und auf die Stadt Potsdam. Das landschaftsgärtnerische
Prinzip der sich aus der Bewegung heraus entwickelnden Sichten scheint auch auf die Konzeption des Belvedere übertragen
worden zu sein. Ein sich schließender Rundgang über offene
und gedeckte Galerien in wechselnden Höhen, über Treppen
und zu Aussichtsplattformen bietet eine facettenreiche Aussicht
in die gesamte Potsdamer Parklandschaft. Die pathetische Vedu-
te der Doppeltürme des Pfingstberges bereichern die Bilderwelt
Sacrows, der Pfaueninsel, Glienickes, Babelsbergs, des Brau-
hausberges, Sanssoucis, der Lennéschen Feldflur, des Neuen
Gartens und vieler Uferwege. Sie ist Gemeinbesitz aller Potsda-

mer Gärten und damit so etwas wie das Schlußsiegel einer historischen Entwicklung. Sie trägt zugleich die Sehnsucht nach Vollendung des Unvollendeten in die Gärten und in die Landschaft, manifestiert die Grundregel aller Gartenkunst, sich dem unerreichbaren Ideal immerwährend zu nähern.

Schluß

Durch die deutsche Teilung war die Potsdam-Berliner Parklandschaft für die Dauer einer Generation von 1961 bis 1990 zerrissen, schlimmer noch, das Wesen des großen Lennéschen Gartensees von Verbindung und Austausch war in sein Gegenteil verkehrt. Entlang den Uferlinien im Park Babelsberg, im Neuen Garten und in Sacrow lagen vierzig Hektar künstlerisch gestalteten Parkgeländes unter Mauern, Grenzzäunen, Hun-

delaufanlagen und Kolonnenwegen begraben. Das Wissen um das gemeinsame Erbe blieb lebendig, die geistigen Beziehungen wurden außerhalb der Politik gepflegt. Unvergeßlich ist mir der Augenblick, in dem mir die Gärtner im Neuen Garten 1985 die mit Mut und List durch das Grenzgebiet geschlagene Durchsicht zum Schloß Pfaueninsel zeigten. Im Park Babelsberg entstand von 1975 bis 1990 in direkter Nachbarschaft zum Streckmetallzaun der Grenzanlage Fürst Pücklers extraganzer Pleasureground mit zierlich eingefaßten Blumenkörben und mustergültig ergrabenen Wegen und Plätzen neu. Eine unglaubliche, aber, da gärtnerischen Geistes, nicht ernstgenommene Provokation der Staatsmacht. Die Last der Grenzanlagen negierend wurde 1989 noch von beiden deutschen Staaten gemeinsam der Antrag auf Aufnahme der Potsdam-Berliner Parklandschaft in die Liste des Weltkulturerbes der UNESCO gestellt. Ein mutiger und künftige politische Entwicklung ahnender Schritt. Im

Dezember 1990 wurden die Schlösser und Gärten von Berlin und Potsdam zum Weltkulturerbe erklärt. Ein Auftrag an das gerade wiedervereinigte Deutschland, dieses Gartenreich als ein Ganzes zurückzugewinnen und zu bewahren. Der über die Grenze hinweg lebendig gebliebene Geist dieser Gartenlandschaft hat die Beteiligten beflügelt, in den vergangenen zehn Jahren die durch die Grenzanlagen entstellten Gartenbereiche mit gartenarchäologischen Methoden, Plan- und Luftbildauswertungen wiederherzustellen. Dies ist im wesentlichen abgeschlossen, sieht man von den Jahrzehnten ab, die die wieder gepflanzten Gehölze bis zum Erreichen der beabsichtigten Wirkung verlangen.

Gleichzeitig hat der Städtebau das Potsdamer Sichtengefüge in einigen Bereichen zerstört oder zu zerstören geplant. Es sei an die im Babelsberger Park im Sinne des Wortes in die Augen springende Bebauung des Glienicker Horns oder an das Bahnhofsviertel erinnert. Die Drohung der UNESCO, Potsdam von der Welterbeliste zu streichen, hat diese Planungen positiv verändert. Inzwischen hat sich Einsicht durchgesetzt und ist ein Wandel eingetreten, der jedoch Geschehenes nicht rückgängig machen kann.

Entgegen allen Beteuerungen wird der Havelausbau in der zur Zeit noch verfolgten Form der inszenierten Parklandschaft erheblich schaden. Hoffnungsvoll stimmt die Bundesgartenschau, die den Ansatz in sich trägt, das Thema einer Harmonie zwischen Stadt, Gärten und Landschaft in die Zukunft zu tragen. Ein außerordentlicher Gewinn ist, daß es gelang, die Lennésche Feldflur in diesem Zusammenhang zu restaurieren und somit diese einzigartige und unverzichtbare Ergänzung des Parks von Sanssouci zu erhalten. Wir hoffen mit diesem Buch beim Leser nicht nur Interesse und Neugier an Potsdams Arkadien zu wecken, sondern dieser einzigartigen Parklandschaft Freunde und Kenner zu gewinnen, die darüber wachen, daß sie in ihrer Eigenart erhalten bleibt und daß sich ihrer Tradition neue Gärten in neuen Formen anschließen.

FOTOGRAFIEN VON MANFRED HAMM

Blick von der Kuppel des Neuen Palais zum von 1770 bis 1772 von Georg Christian Unger erbauten Belvedere auf den Klausberg. Im Vordergrund die Laterne des Hofdamenflügels des Neuen Palais.

Blick vom Dach des Neuen Palais auf den gartenseitigen Halbzirkel und
das Ende der Hauptachse von Sanssouci.

Das Neue Palais aus dem nördlichen Heckenquartier gesehen, das den
Rosengarten der Kaiserin Augusta Viktoria beherbergte. Rechts Kuppel
und Laterne des Hofdamenflügels.

Durchsicht zum Belvedere auf dem Klausberg vom nördlichen
Heckenquartier über den von Lenné 1826 angelegten Parkteil
»Hopfenkrug« hinweg.

Der 1769 angelegte Weinberg auf dem Klausberg. Im Vordergrund die
Ruinen der kaiserlichen Treibhäuser, im Hintergrund das um 1770 nach
Vorlagen von William Chambers erbaute Drachenhaus.

Die Neuen Kammern, ursprünglich von Georg Wenzeslaus 1747 als
Orangerie erbaut und 1771 bis 1774 durch Georg Christian Unger zum
Gästehaus umgebaut. Im Vordergrund das Fontänenrondell. Hinter den
Neuen Kammern die ungewöhnliche Zierde der Holländischen Mühle.

Parterre von Schloß Sanssouci, links eine der vier 1843 in den Seiten-
kompartimenten aufgestellten Marmorsäulen. Diese trägt eine Kopie
der Venus von Medici. Auf der Höhe die nach Kriegszerstörungen
wiederaufgebaute Holländische Windmühle von 1790 an der Stelle
der Bockwindmühle von 1739.

Blick durch die westliche Durchfahrt der Orangerie in die 1906 bis 1907
angepflanzte Krimlindenallee zum Belvedere auf dem Klausberg. Mit der
Allee wurde das unvollendete Projekt einer Höhenstraße, Triumphstraße
genannt, die vom Winzerberg über Sanssouci zum Belvedere führen
sollte, aufgegriffen.

Die von Lenné geschaffene Durchsicht zum 1754 bis 1757 von Johann
Gottfried Büring erbauten Chinesischen Teehaus. In friderizianischer Zeit
war der in ein hohes Heckenquartier gebettete Bau nur aus der Nahsicht
erlebbar.

Der Mittelbau der 1851 bis 1860 errichteten Orangerie vom Neuen Stück her gesehen. Die Reiterstatue Friedrich des Großen ist eine verkleinerte Nachbildung des Bronzeoriginals von Christian Daniel Rauch in Berlin. Die Nachbildung stand von 1865 bis 1927 in Achse von Sanssouci.

Das Neue Stück, 1913 in Zusammenhang mit den Jubiläumsterrassen
angelegt, interpretiert durch die bis zur Hauptallee von Sanssouci
verlängerte Achse das Orangerie-Ensemble in neobarockem Sinn neu.

Standbild Friedrich Wilhelm IV., des Romantikers auf dem Thron, vor der
Halle der Orangerie.

Blick von der mittleren Terrasse der Orangerie zum Hauptbau.
Die Diagonalsicht von der mittleren und unteren Terrasse ist im Gegen-
satz zur neobarocken Umdeutung die ursprüngliche Erlebniswe se des
historistisch-spätromantischen Bauwerkes mit seinen Terrassengärter.

Blick zum Normannischen Turm auf dem Ruinenberg von der Garten-
partie nördlich der Orangerie. Im Vordergrund Büste der Juno Ludovisi.

Ruinenberg, im Vordergrund der 1852 fertiggestellte Roßbrunnen, ein
römischer Schalenbrunnen, der auf Wunsch des Königs als Tränke für die
auf der Straße vorüberziehenden Zugtiere eingerichtet wurde.

Die Römische Bank am Westhang des Ruinenberges, um 1850 dort aufge-
stellt zur Betonung der Sicht auf das Krongut Bornstedt und die Dorfkirche (im Hintergrund).

Die römischen Ruinen des Ruinenberges in Steilsicht von dem von Lenné
1841 heraufgeführten Serpentinenweg.

Bei der Gestaltung des Ruinenberges 1841 gewann Lenné mit der Wegeführung dem Vorhandenen immer neue Reize ab. Der von Nordwesten
heraufführende Weg zeigt in einer aufeinanderfolgenden Sequenz erst
den 1845 nach Entwurf von Ferdinand von Arnim erbauten Normannischen Turm, dann die Abbruchkante der Zirkuswand und …

... nach weiteren Schritten die drei Säulen. Als Höhepunkt dieser Bild-
sequenz öffnet sich dann kurz nach dem Kulminationspunkt des Weges
der Blick in das Haveltal bis nach Caputh, seitlich begrenzt durch die
Silhouette der Holländischen Mühle (nicht auf dem Foto).

Ruinenberg. Durchblick aus einer Kurve des Serpentinenweges zur
jenseits des Bornstedter Sees liegenden Dorfkirche. Diese wurde 1858 als
Basilika mit freistehendem Campanile nach Plänen von August Stüler
erneuert.

Die aus einem neobarocken Gestaltungsimpuls in das Boskett des fricie-
rizianischen westlichen Lustgarten um 1913 gebrochene Achse nimmt die
Symmetrieachsen der von Lenné 1857 bis 1860 angelegten in sich ruhenden Sondergärten. Sizilianischer und Nordischer Garten, auf und setzt sie
mit der Hauptallee von Sanssouci in Verbindung. Über der Stützmauer
des Sizilianischen Gartens zeigt sich die mit einem Altan bekrönte
Grotte des Nordischen Gartens.

Sizilianischer Garten, Blick aus dem westlichen Laubengang auf die
Stützmauer gegen die Maulbeerallee. Die beiden halbkreisförmigen
Laubengänge sind ein Motiv aus dem Renaissancegarten der Villa
La Petraia bei Florenz.

95 | Im Sizilianischen Garten. Im Hintergrund die Westseite der Neuen Kammern mit den dekorativen Anbauten von Ludwig Persius und Ludwig Ferdinand Hesse von 1842 und 1861.

Das Schiff der Friedenskirche im Spiegel des Friedensteiches. Rechts
neben der Kolonnade die Heilandspforte, die der König auf seinem Wege
von Sanssouci zur Kirche benutzte.

Der von Lenné 1846 bis 1847 auf dem Grundstück des Küchengartens des Soldatenkönigs Friedrich Wilhelm I. angelegte Marly-Garten. Die Diagonalsicht von Westen zur Friedenskirche wird links durch die elegante Gestalt der auf dem kleinen Hügel stehenden Ulme gerahmt.

Marly-Garten, noch nicht restaurierter Südteil des Gartens mit Teich
und Blick auf die Villa Illaire, 1844 bis 1846 durch Umbau nach Plänen
von Ludwig Persius und Ludwig Ferdinand Hesse aus dem Hofgärtnerhaus hervorgegangen, das Lennés Schwiegervater Joachim Heinrich
Voß bewohnte.

99 | Gartenpavillon, im Jahre 1847 nach Entwürfen von Friedrich August Stüler im Garten der Villa Liegnitz erbaut.

Die Römischen Bäder vom Nordsüdweg. Links im Bild der sanfte, von Lenné künstlich aufgeschüttete Hügel, über den der Fahrweg führt und überraschend auf seiner Kuppe den Blick auf das südliche Ensemble der Gärtnerwohnung freigibt.

Durchblick von Nordwesten auf die Römischen Bäder im Park
Charlottenhof.

Sicht von der Terrasse der Römischen Bäder zum Schloß Charlottenhof.
Im Netz der Sichten ist dies die durch den Reiz des Wasserspiegels ge-
steigerte direkte Verknüpfung der aufeinander vielfach bezüglichen Bau-
gruppen. Es ist ein Bild imposanter Ruhe, wie es in der Gegensicht auch
vom Schloß her im Sinne zweier ruhiger Aussichtspunkte besteht. Im Ge-
gensatz dazu zeigen sich Schloß und die Römischen Bäder vom Fahrweg
aus in dynamischen, nur durch das Medium der Bewegung verknüpften
Bildfolgen.

Blick über den Maschinenteich zur Gebäudegruppe der Römischen Bäder. Im Vordergrund die Insel mit der als Germanicus auf hoher Stele um 1839 hier aufgestellten Kopie einer Antike. Der Situation fehlt der kleine, die Stele verhüllende Birkenhain. Das helle Gebäude steht jenseits der Insel als Endpunkt der Ensembles der Römischen Bäder; es ist der 1830 in Form eines römischen Podesttempels erbaute Teepavillon.

Der Portikus des Schlosses Charlottenhof als Zielpunkt einer Durchsicht
vom Weg westlich der Maschinenteich-Insel. Bedeutungssteigerung durch
pflanzliche Rahmung! Der Weg in der Blickachse folgt eine spätere
Veränderung und falsch. Der Verbindungsweg schwenkte bei
Lenné aus der Sicht nach rechts ab.

Sicht vom Fahrweg zum Schloß Charlottenhof.

Eine der Sichten von der Terrasse des Schlosses Charlottenhof in die
durch Gehölzgruppen und wenige künstliche Hügel in ineinanderfließen-
de Räume gegliederte Weite des Parkes Charlottenhof. Im Vordergrund
die Büste der Prinzessin Elisabeth, in der Ferne das Neue Palais.

Neuer Garten. Gotische Bibliothek, Heiliger See und Marmorpalais.
Ein Stück des 1890 zugeschütteten Kanals, der vom Heiligen See bis zum
Bassinplatz führte, wurde 1997-98 wiederhergestellt. Über ihn führte bis
zu ihrem Abbruch bei Beseitigung des Kanals die Behlertbrücke, von
deren Scheitelpunkt sich dem Vorübereilenden sich wie eine Visitenkarte
des Neuen Gartens ein prächtiges Panorama bot, das von der heutigen
Eingangssituation an der Gotischen Bibliothek wieder erlebbar ist.

Neuer Garten, Küchengebäude und Marmorpalais. Die 1788 bis 1790
erbaute Küche, die durch einen unterirdischen Gang mit dem Schloß in
Verbindung steht, stellt sich im Äußeren als eine halbversunkene Tempelruine dar. Anregung dafür gab die Ruine des Marstempels auf dem
Forum Romanum.

Neuer Garten. Durchblick zum Marmorpalais. Im Vordergrund d e 1791-92
erbaute Pyramide, die wie ihr Vorbild in der Désert de Retz westlich von
Paris als Eiskeller diente. Ursprünglich war der Raum um die Pyramide
gegen das Marmorpalais hin abgepflanzt. Die weiträumigen Sichtverbindungen gehen auf die Umgestaltungen Lennés im Neuen Garten zurück.

Die Pyramide im Neuen Garten in ungewöhnlicher, das Bauwerk durch Isolierung hervorhebender Sicht.

Neuer Garten. Sicht vom Hauptweg nördlich des Marmorpalais zum
Schloß Pfaueninsel, das 1794 in 4 km Entfernung auf der Westspitze
der Pfaueninsel so erbaut wurde, daß es seine Schaufassade dem
Marmorpalais zuwendet. Der Neue Garten wurde so um ein märkisches
Tahiti erweitert. Der weiße Anstrich ist für die Fernsicht notwendig.
Zum doppelten Wasserspiegel sei an Lennés Feststellung erinnert:
*Einen besonders angenehmen Effekt macht es, wenn sich die Gelegenheit
darbietet, die Gewässer in mehren scheinbar hintereinander aufsteigenden
Spiegeln darzustellen.*

Pfingstberg, Pomonatempel, im Jahre 1800 von dem jungen Karl
Friedrich Schinkel im Weinberg des Topographen Karl Ludwig Oesfeld
als Aussichtsbauwerk errichtet.

Die Rückseite des Pomonatempels, aus dem Laubengang gesehen.
Mit der grünen Architektur des Laubenganges verband Lenné 1842 das
Torso gebliebene Belvedere auf dem Pfingstberg mit dem Garten und
dem Pomonatempel, der bei Vollendung des Architekturtraumes
diesem zum Opfer gefallen wäre.

Pfingstberg. Aus einer Kurve der zum Neuen Garten herabführenden
Serpentine wird die Kuppel der Nikolaikirche sichtbar, die Friedrich
Wilhelm IV. absichtsvoll von Schinkel als Italienbezug für das Zentrum
Potsdams hatte entwerfen lassen.

Pfingstberg. Rundweg am Pomonatempel. Blick nach Schloß Babelsberg.

Pfingstberg. Blick zum Flatowturm, in der Tiefe das Belvedere auf dem
Dach des Marmorpalais.

Pfingstberg, Weg östlich vom Belvedere. Sicht zum Kasino in Glienicke.

Pfingstberg, Platz beim Pomonatempel, Sicht ins Haveltal.
Links in der Tiefe der Turm der Heilandskirche in Sacrow und die drei
charakteristischen Pappeln der Fährstelle Sacrow.

Die 1844 geweihte Heilandskirche am Port in Sacrow von der Höhe des
Glienicker Parkes gesehen.

Die Heilandskirche von Westen aus dem Uferbereich bei der Römischen
Bank außerhalb der Wegeführung gesehen. Das Foto macht ein heute auf
dem Uferweg noch nicht wieder erfahrbares Raumkompositionsprinzip
deutlich: während das Gotteshaus sich von Osten und Süden frei wie ein
vor Anker gegangenes Schiff präsentiert, bleibt es für den von Westen
auf dem Uferweg Kommenden bis zum letzten Moment durch dichtes
Gehölz verborgen, um dann mit der Weite der Wasserfläche
überraschend ins Bild zu treten.

Die Ausblicke des Uferweges im Sacrower Park reihen die Bilder der um den Jungfernsee liegenden Schlösser und Gärten je nach Tageszeit und Bewegungsrichtung im schönsten Licht aneinander. Hier die Sicht auf die Glienicker Brücke, dahinter der Park Babelsberg und rechts das am Ufer lagernde Kirchenschiff.

Blick zum Schloß Sacrow aus der zum Glienicker Jägerhof gerichteten
Sicht. Da die Umbaupläne im Stile der Neugotik nicht ausgeführt wurden,
behielt der Bau das schlichte Erscheinungsbild des 1773 durch den dama-
ligen Besitzer errichteten Herrenhauses.

Pfaueninsel. Die »Große Sicht«, die am Schaukelweg beginnend, sich zur 1.6 Kilometer entfernten Meierei öffnet. Mit der vom »Schaukelweg« ebenfalls ausgehenden kurzen Sicht zum Schloß (Foto Seite 125) werden durch die Bewegung des Spazierenden zwei Extrempunkte der Insel verknüpft.

Pfaueninsel. Durchsicht zur Fontäne. Ihre Wasserschleier glitzerten
1825 zum ersten Male. Mit dem Wasserwerk auf der Pfaueninsel begann
die dampfgetriebene Gartenbewässerung ihren variationsreichen und
phantasievollen Siegeszug in den Potsdamer Gärten. Das von den Zeitgenossen vielbewunderte Wasserspiel auf der Insel ist Blickpunkt
zweier Sichten.

Pfaueninsel. Blick vom »Schaukelweg« zurück zum Schloß.

Pfaueninsel, Kavalierhauswiese. Die alte, wohl vierhundertjährige,
hochschäftige Eiche ist abgestorben. Einer der beiden vorsorglich
gepflanzten Ersatzbäume ist rechts von ihr sichtbar. Die etwa einhundertfünfzig Jahre alte Eiche im Hintergrund hat sich auf der Wiese als Solitär
frei entwickelt. Sie ist bis zum Boden garniert und verbirgt ihren
niedrigen Stamm vollständig.

Pfaueninsel. Durchsicht vom Stellweg zum Schloß. Jenseits der Havel ist
die Halbinsel Meedehorn in Sacrow zu erkennen.

Pfaueninsel, »Eichenruine« am Mittelweg nahe dem Lamabrunnen.

Pfaueninsel, Torso einer mächtigen alten Eiche nahe dem Wasservogel-
teich. Der Baum bestimmte als Blickfang die Richtung des Stellweges in
diesem Bereich.

Pfaueninsel, alte Stieleichen am Parschenkesselblick.

Pfaueninsel, Luisentempelweg mit totem Eichentorso.

Pfaueninsel. Der Blick über den Parschenkessel auf die durch die
Ausscheidungen der Kormorane »gekalkten« Bäume macht den wildnis-
haften Aspekt des Eilands sichtbar.

Pfaueninsel. Durchsicht zum Luisentempel von der Chaussee. Der Sand-
stein-Portikus vom Mausoleum im Schloßpark Charlottenburg wurde
1829 im Eichenhain auf der Südseite der Laichwiese als Erinnerungsstätte
an die preußische Königin wiedererrichtet. Nur im Sommer streifen die
ersten und die letzten Strahlen der Sonne seine dorischen Säulen.

Sicht vom Schweizerhaus auf der Pfaueninsel zur Kirche St. Peter und Paul auf Nikolskoe.

Schloß Glienicke jenseits der Glienicker Laake vom Park Babelsberg
gesehen.

Glienicke, Kasino. Von der Pergola gerahmter Blick auf den Jungfernsee.

Glienicke. Die nach Schinkels Entwurf 1838 geschaffene Löwenfontäne
und das von Persius 1840 erbaute Stibadium, Ausgangspunkt der Sicht
auf Potsdam.

Glienicke, Kasino. Durchblick zum »Pliniusbeet« mit der Statue der
Eilenden Artemis. Im Vordergrund Torso einer Sitzstatue des römischen
Kaisers Nerva.

Glienicke, Kasino, nördlicher Pergolaflügel. Durchsicht zum 1837 von Ludwig Persius erbauten Wasserturm, der im Sinne der romantischen Ästhetik merklich aus der Mitte der Pfeilerflucht gerückt ist.

Glienicke, Verbindungsbau zwischen dem Hofgärtnerhaus und
dem Wasserturm. Durchblick zum Kasino.

Glienicke, Durchsicht zu dem 1828 von Schinkel entworfenen Jägerhof
von der Höhe herab, die seit 1934 die grob hinzugefügte Bastion trägt.
Die sich ursprünglich weiter rechts öffnende Sicht zum Schloß
Pfaueninsel ist zugewachsen.

Glienicke. Aussicht von der Großen Neugierde zum Schloß Babelsberg. | 142
Die Große Neugierde wurde 1835 bis 1837 nach Schinkels Entwurf als
Aussichtsbauwerk an der Südwestspitze des Pleasuregrounds errichtet.

Glienicke, das 1842 von Ludwig Persius erbaute Jägertor, nördlicher
Eingang zum Park an der Sacrower Fähre. Den zinnentragenden Pfeilern
fehlt seit ihrer Erneuerung der Zementputz.

Blick vom Ort der 1907 abgetragenen Babelsberger Schloßhöhe zum
Schloß. Rechts der gotische Laubengang, in der Tiefe die Glienicker
Brücke.

Küchenbau und Schloß Babelsberg in hintereinander gestaffelter
Sicht von der Fürstenhöhe her. Der dekorative, scheinbar über der Havel
schwebende Söller gehört zur Schloßküche.

Schloß Babelsberg. Die Luftaufnahme zeigt die Dachlandschaft des nach
Schinkels Plänen 1834 bis 35 errichteten Ursprungsbaus (links) und die
bis 1849 ausgeführten Erweiterungen von Ludwig Persius, Heinrich
Strack und Wilhelm Gottgetreu (rechts).

Das 1843 bis 45 dicht unter dem Steilhang am Haveluifer nach Plänen von Ludwig Persius erbaute Maschinenhaus dient der Bewässerung des Babelsberger Parkes. Die malerische Komposition der Baugruppe mit dem schlanken Schornstein entfaltet ihre Wirkung von dem auf der Höhe geführten Fahrweg zum Schloß vor der Wasserfläche ebenso wie vom Wasser und vom Uferweg aus.

Park Babelsberg. Eiserne »Knüppelholzbrücke« über dem Wilhelms-
wasserfall. Im Hintergrund die Glienicker Brücke.

Park Babelsberg. Die vom Pleasureground zur Lennébucht herab-
führende Rosentreppe mit dem rekonstruierten Tudorbogen-Laubengang
in Erwartung der Kletterrosen. Rechts ist in der Havel die Mündung der
Geysir-Fontäne erkennbar, die seinen Wasserstrudel 40,5 Meter hoch zu
schleudern vermag. Vom jenseitigen Glienicker Ufer grüßt Schinkels
Große Neugierde.

Park Babelsberg, Matrosenhaus und der 1853 an der Stelle der 1848
abgebrannten Holländischen Mühle erbaute Flatowturm. Er wurde von
August Strack nach dem Vorbild des Eschenheimer Torturms in Frankfurt
am Main entworfen.

Park Babelberg. Blick über die Zierschornsteine des 1841 bis 1842 aus
dem Umbau eines Gartenhauses nach Plänen von Ludwig Persius hervor-
gegangenen Kleinen Schlosses zur Kuppel der Potsdamer Nikolaikirche.

Park Babelsberg, Flatowturm von Nordosten.

Park Babelsberg, Blick aus der Halle der 1871 auf der Lennéhöhe
wiedererrichteten Berliner Gerichtslaube zum Flatowturm

Blick von der Villa Schöningen zum Schloß Babelsberg. Am westlichen
Brückenkopf der Glienicker Brücke erbaute Ludwig Persius 1843 bis 44
für den Hofmarschall des Prinzen Carl die Villa Schöningen. Persius ging
beim Entwurf dieses Hauses bewußt auf dessen hervorragende Lage
in der Landschaft ein. Der malerisch gruppierte Bau ist sowohl von
Glienicke wie von Babelsberg her Blickpunkt als auch Ausgangspunkt
für Sichten dorthin.

Bildquellen der historischen Abbildungen

Seite 24: SPSG Aqu. Slg. 2957
Seite 27: SPSG Aqu. Slg. 962
Seite 29: SPSG Aqu. Slg. 994
Seite 30: SPSG Aqu. Slg. 1028
Seite 31: SPSG Aqu. Slg. 991
Seite 32: SPSG Aqu. Slg. Zugangs-Kat. 247
Seite 41: SPSG Aqu. Slg. 1223
Seite 42: SPSG Aqu. Slg. 1215
Seite 43: KPM-Archiv Mappe 41 Nr. 13
Seite 44: SPSG
Seite 45: SPSG Stiftung Cerrini
Seite 51: SPSG Aqu. Slg. 1184
Seite 52: SPSG Aqu. Slg. 2965
Seite 53: SPSG Aqu. Slg. 2925

Seite 54: SPSG Aqu. Slg. 1017
Seite 55: SPSG Aqu. Slg. 2918
Seite 57: SPSG Aqu. Slg. 4514-24
Seite 61: SPSG Nachlaß Cerrini
Seite 63: SPSG Stiftung Cerrini
Seite 65: SPSG Aqu. Slg. 971
Seite 66: SPSG Aqu. Slg. 483c
Seite 67: SPSG Aqu. Slg. 1214

Wir danken der Stiftung Preußische Schlösser und Gärten
für die freundliche Abdruckgenehmigung.

Michael Seiler ist seit 1993 Gartendirektor der
Stiftung Preußische Schlösser und Gärten
Berlin-Brandenburg. Zahlreiche Veröffentlichungen

Manfred Hamm, geboren 1944 in Cainsdorf/Zwickau,
Fotograf. Zahlreiche Buchveröffentlichungen, u.a .
Berlin. Denkmäler einer Industrielandschaft; Tote
Technik; Die Industriegeschichte des Wassers; Berlin.
Eine Ortsbesichtigung; Die Industriegeschichte des Textils;
Ludwig Persius. Die Berliner Vorstadt. Zuletzt erschien
von ihm»Architektur & Schönheit. Die Schinkelschule
in Berlin und Brandenburg« (Die drei letztgenannten
gemeinsam mit Sabine Bohle-Heintzenberg)
im : TRANSIT Verlag.
Zahlreiche Ausstellungen im In- und Ausland.
Er lebt in Berlin

SABINE BOHLE-HEINTZENBERG
MANFRED HAMM

ARCHITEKTUR & SCHÖNHEIT

DIE SCHINKELSCHULE
IN BERLIN
UND BRANDENBURG

: TRANSIT

»Die unterkühlten Fotografien Manfred Hamms
und die knappen, sachkundigen Erläuterungstexte
von Sabine Bohle-Heintzenberg in diesem schönen Band
entreißen eine Bautradition dem Vergessen,
die vielleicht zum Originellsten gehörte,
was je auf deutschem Boden entstanden ist.«
Frankfurter Allgemeine Zeitung

»Ein Buch zum Lernen und zum Betrachten,
aber eben auch ein Architekturführer, der animiert.
Manfred Sack, Die Zeit

240 Seiten, 122 Photos
von Manfred Hamm im Duoton,
gebunden, fadengeheftet,
58 DM, 58 SFr, 429 ÖS
ISBN 3-88747-121-0